# 減塩の食事で脳卒中予防

－ 脳神経外科医が夫婦で達成した健康ダイエット －

金城　利彦

# はしがき

今まで料理などしなかった兄が自身のダイエットに取り組んだ本が出版されるときいて嬉しく思います。最近、沖縄では特に若い人（20〜30代）に米国人のような超肥満体型が増えています。私も６kgおとしたことがありますが、兄はその倍、それも楽しく実験をするように自ら調理をして、あんなに忙しい人が実現するのですから、我々は言い逃れできません。

私には忘れられない料理が３つあります。祖母につくってあげた茶碗蒸し、ラフテー、ヴィシソワーズ（スープ）です。食の落ちた人でも減塩で食べやすいものをあげることで体力がつき、明るくなります。ラフテーは若い人向きに赤身の豚肉でタレをからめるようにすれば減塩かな？　ヴィシソワーズはじゃがいものかわりに、長芋、きくいもでどうかなと思っています。

宮城　典子

## contents

contents

contents

## 目　次



＊ 本書ではレシピを４つに色分けしています ＊

……　サラダ・つけ合わせ

……　主菜におすすめ

……　副菜におすすめ

……　デザート

本書材料の「塩こしょう」は、市販されている塩とこしょう（あらびきタイプ）が合わさった調味料を使用しています。

# 脳卒中と高血圧、減塩の食事

脳卒中は出血性の脳出血、くも膜下出血と血管の閉塞による脳梗塞の三つに分類されます。脳卒中の危険因子は高血圧、高脂血症、糖尿病、不整脈（心房細動）、喫煙、過度の飲酒などです。その中でも最大の危険因子は高血圧です（図１）。高血圧に対する薬物療法（降圧剤）は重要ですが、高血圧の原因として、塩分の過剰摂取は関連がきわめて深く、減塩により血圧が下がる、薬物療法での血圧コントロールが良くなる、腎機能の悪化を防ぐことなどが明らかです。かつてわが国では脳卒中が多く、死亡原因の１位でした。１９６０年代からは全国的に減塩運動が行われました。それまで一日の塩分摂取量が30ｇだったのが１９８０年代には14ｇにまで減少して、高血圧に対する薬物治療もあいまって、脳卒中による死亡率は低下しました。現在では死亡原因の３位です。しかし、脳卒中後遺症は要介護の原因の第２位で、脳卒中の治療、予防は

図１

**成人における血圧値の分類**（mmHg）

| 分類 | 収縮期血圧 | | 拡張期血圧 |
|---|---|---|---|
| 至適血圧 | <120 | かつ | <80 |
| 正常血圧 | <130 | かつ | <85 |
| 正常高値血圧 | 130-139 | または | 85-89 |
| Ｉ度高血圧 | 140-159 | または | 90-99 |
| II度高血圧 | 160-179 | または | 100-109 |
| III度高血圧 | ≧180 | または | ≧110 |
| （孤立性）収縮期高血圧 | ≧140 | かつ | <90 |

日本高血圧学会　高血圧治療ガイドライン2009（JSH2009）

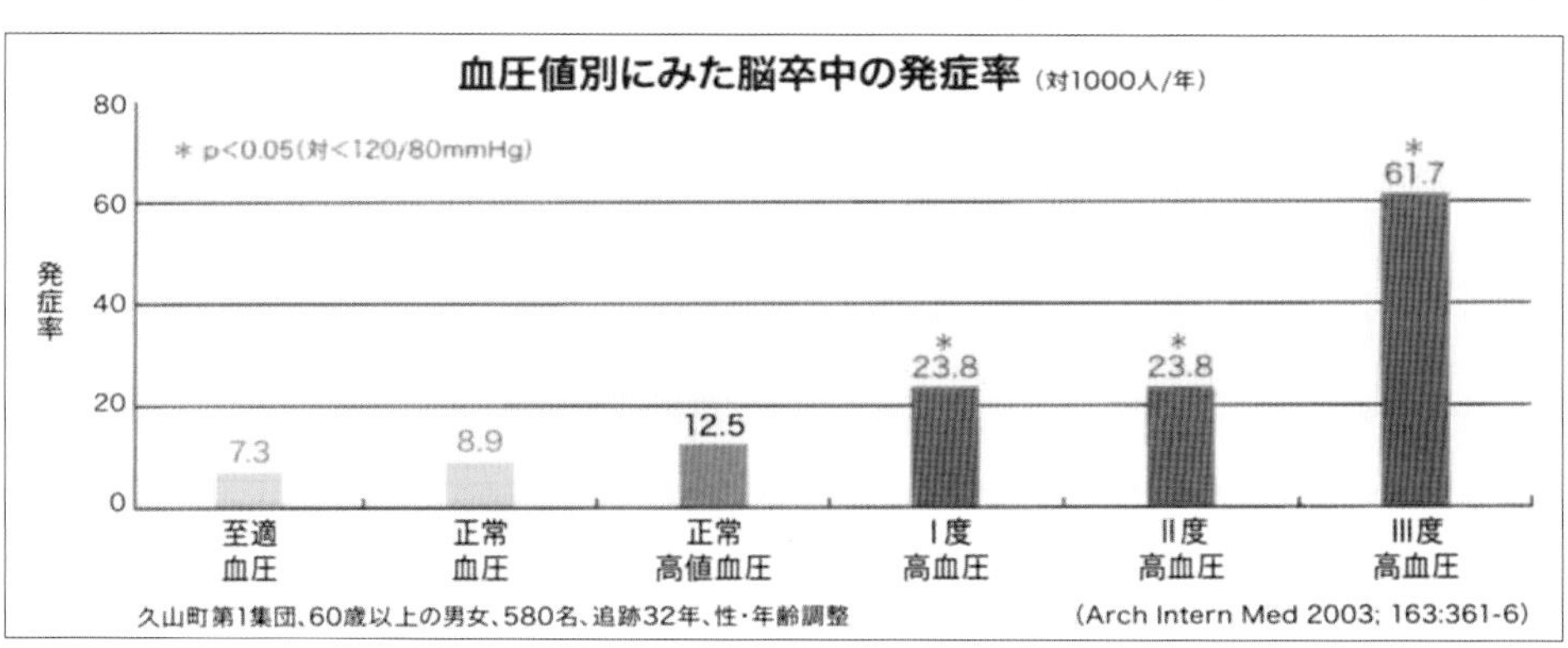

大切です。日本高血圧学会の『高血圧治療ガイドライン２０１９』[1)]では一日塩分目標値は６ｇ未満です。わが国の塩分摂取量は減少してきましたが、２０１８年の厚生労働省『国民健康栄養調査』によると日本人の１日あたりの平均塩分摂取量は男性11ｇ、女性9.3ｇとまだまだ高値です（図２）。なお、塩分には見えやすい塩と、食品に隠された塩があります。（図３）、すなわち、自分で味付けに使用するしょうゆ、みそ、卓上塩、ソースなどの調味料などの塩分（43％）と、加工食品などに含まれ、自分でコントロールしにくい塩分（57％）があります。目に見えない塩分のほうが多いのです。加工食品には十分な注意が必要です（図４）。私は脳神経外科医として、脳卒中の再発予防のために禁煙、酒をのみすぎない、血圧をコントロールする、太らないこと（体重を減らす）などを指導してきました。食事に関しても塩分を控えるようにと患者さんに話してきましたが、自分自身が減塩の食事をしていたのか疑問です。私が減塩の食事を強く意識して実行しはじめたのは10年前からです。きっかけは妻とともに実践した健康のためのダイエットでした。

図３

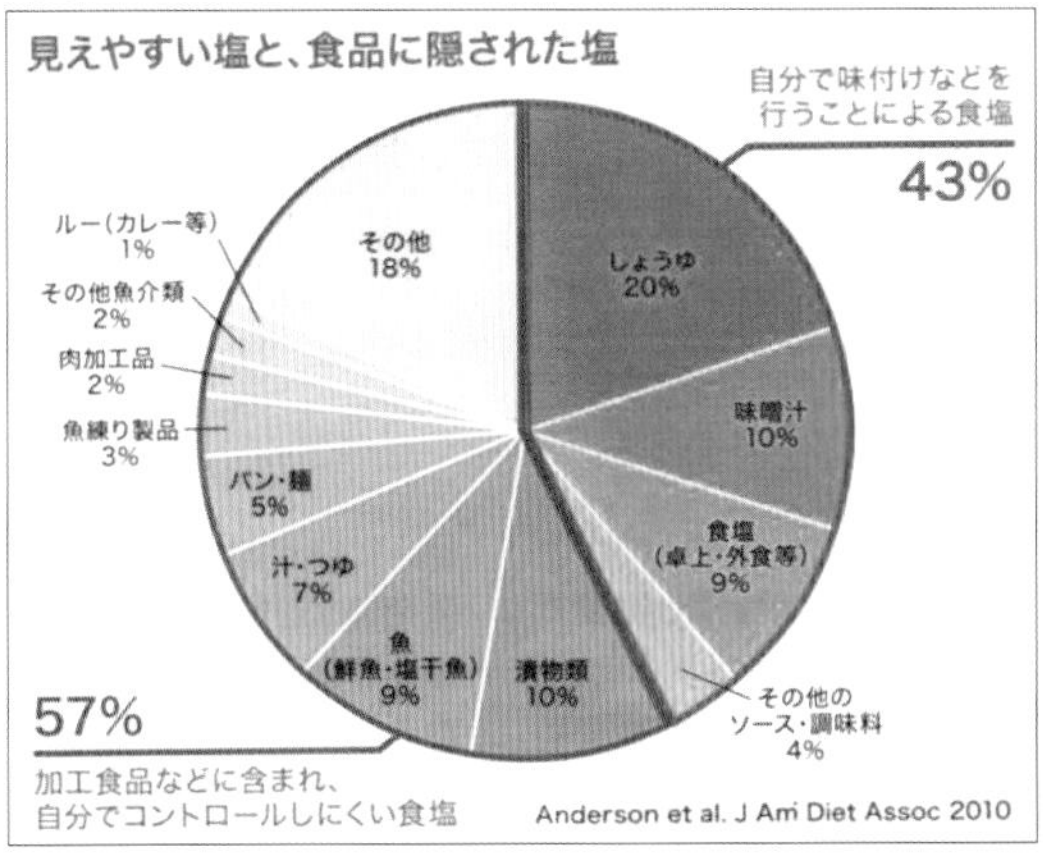


図２

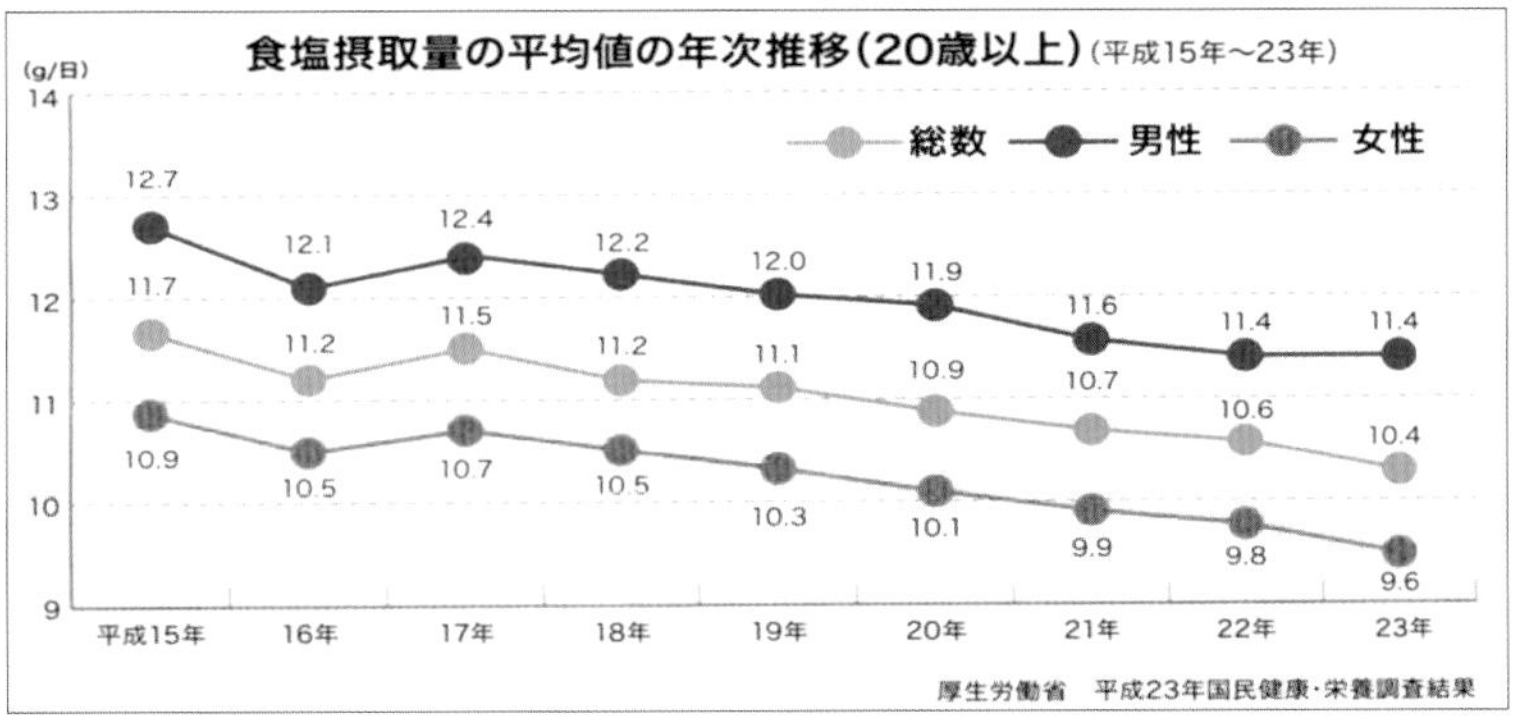

図４　　　　　　　　　　　　　　　　　　平成22年　飯豊町健康福祉課　健康　　医療室作成

◇　調味料に含まれる塩分量

| | 小さじ1 | 大さじ1 |
|---|---|---|
| 食塩 | 6.0 | 18.0 |
| 低塩食塩 | 2.8 | 8.3 |
| 濃口しょうゆ | 0.9 | 2.6 |
| 薄口しょうゆ | 1.0 | 2.9 |
| 減塩しょうゆ | 0.5 | 1.4 |
| ポン酢しょうゆ | 0.5 | 1.5 |
| 麺つゆ(1倍) | 0.2 | 0.5 |
| 麺つゆ(3倍) | 0.5 | 1.6 |
| 赤みそ | 0.8 | 2.3 |
| 白みそ | 0.5 | 1.5 |
| 減塩みそ | 0.4 | 1.0 |
| バター | 0.1 | 0.2 |
| マーガリン | 0.1 | 0.2 |
| ウスターソース | 0.5 | 1.5 |
| 中濃ソース | 0.3 | 1.0 |
| ケチャップ | 0.2 | 0.5 |
| マヨネーズ | 0.2 | 0.5 |
| ドレッシング | 0.3 | 1.0 |
| 和風だし | 1.2 | 3.5 |
| 中華だし | 1.8 | 5.0 |
| コンソメ | 1ケ 2.3 | |
| カレールー | 1カケ 2.1 | |

◇　主な食品に含まれる塩分量

| 食品 | 目安(g) | 塩分量(g) |
|---|---|---|
| 食パン | 6枚切り1枚 80 | 0.8 |
| ロールパン | 2つ 60 | 0.8 |
| そうめん | 1束 100 | 1.9 |
| 生ラーメン | 1食 120 | 1.2 |
| 即席ラーメン | 1食 100 | 5.6 |
| ゆでうどん | 1食 240 | 0.7 |
| 塩鮭(甘口) | 1切れ 80 | 2.1 |
| 塩鮭(辛口) | 1切れ 80 | 5.0 |
| あじ干物 | 1枚 90 | 1.7 |
| 塩さば | 1切れ 150 | 2.7 |
| ハム | 1枚 20 | 0.5 |
| ベーコン | 1枚 20 | 0.4 |
| ソーセージ | 1本 25 | 0.5 |
| 魚肉ソーセージ | 1本 100 | 2.1 |
| チーズ | 1ピース 25 | 0.7 |
| かまぼこ | 1切れ 10 | 0.3 |
| ちくわ | 1本 30 | 0.6 |
| さつまあげ | 1枚 50 | 1.0 |
| はんぺん | 1枚 100 | 1.5 |
| 梅干 | 中1個 10 | 2.2 |
| 梅干(減塩) | 中1個 10 | 1.0 |
| たくあん | 1枚 10 | 1.2 |
| 野沢菜漬け | 小皿1枚 30 | 0.7 |
| キムチ | 小皿1枚 30 | 0.7 |
| のり佃煮 | 大さじ1 15 | 0.8 |
| イカ塩辛 | 小皿1枚 20 | 1.4 |
| ポテトチップ | 1袋 80 | 1.0 |
| 煎餅 | 2枚 20 | 0.4 |
| どら焼き | 1個 90 | 0.3 |
| きんつば | 1個 50 | 0.1 |
| ショートケーキ | 1個 130 | 0.3 |
| チーズケーキ | 1個 130 | 0.5 |
| アップルケーキ | 1個 150 | 0.6 |
| シュークリーム | 1個 70 | 0.2 |

**一日あたりの塩分摂取量 目標　男性9g未満　女性7.5g未満**

家族の健康のため、減塩を心がけましょう！

## ダイエットをはじめるまで

２００８年４月に特定健診がはじまりました。高血圧、高脂血症、高血糖のいずれかひとつ以上に加えて、腹囲が男性85㎝、女性90㎝以上の場合に、メタボリックシンドロームとして指導されることになり、６か月ごとの検診が義務となりました。私も40代半ばで体重が増加して２００８年の健康診断では体重が74kg、腹囲96㎝、血液検査でも総コレステロール値が２５６ｍｇ／ｄｌであり、保健師さんによる指導を受けました。内容は体重減少のための生活指導で、７０００ｋｃａｌ減らせば体重を１kg減量できる。１か月で１kg減らすには１日あたり２３０ｋｃａｌ減らせばいい、そのためには食事のカロリー摂取を減らして、運動でカロリーを消費することです。食事で脂肪分を控えることからはじめましょうと指導を受けました。その際に、腹囲測定のための巻き尺を渡されましたが、実行にはほど遠く、半年後、１年後の体重はまったく同じ74kg、腹囲も96㎝でした。３回目の指導では、運動のための実技指導を行うのでジャージーを準備して病院内のリハビリ室に来るようにと指示されましたが、恥ずかしくて指示に従いませんでした。その後も６か月ごとに保健師さんから電話連絡がありましたが結局ドロップアウトしました。

２００９年10月の学会で久々にあった昔の同僚に「その腹は江夏の腹だ」といわれ

ました。江夏豊投手はプロ野球の阪神、南海、広島、日本ハムなどで活躍した名投手で肥満体でした。それでもダイエットは始めませんでした。一方、私の妻も私同様、40代からの肥満が持続していて、息子に「お父さんもお母さんも太り過ぎだよ、なんとかしてよ」といわれていました。私の勤務している病院に妻は通院していて、半年ごとの超音波検査で脂肪肝は指摘されていたのですが血液検査では肝機能はずっと正常でした。ところが、２００９年秋の検査で肝機能障害があり、薬（ウルソ）を処方されました。半年ごとの診察が月１回の通院になりました。２か月で肝機能は正常化したもののずっと薬をのむのはいやだと妻は強く思いました。脂肪肝をなおすにはなんといっても体重を減らすことです。食事指導はうけていましたが、なかなか体重は減りません。妻は私とは別の病院に勤務している看護師で、その病院の栄養士さんにダイエットの相談をしました。そこで教えてもらったのが３つの「あ」です。

## ３つの「あ」

３つの「あ」とは、ダイエットのためにとりすぎてはいけない「あ」からはじまる３つのものです。油、アルコール、甘いもの、この３つを控えるようにと指導を受けました。妻がダイエットを実行しはじめたのは２０１０年１月でした。アルコールはもともと飲まない（私も飲まない）ので、後の二つの「あ」の油はなるべく控え、甘いもののお菓子を控えました（果物はとりました）。妻はチョコレートが大好きで、時には1日に1箱のガーナチョコレートを食べるくらいでしたが、「チョコレートは食べない」と決心して、以後まったくチョコレートを食べていません。このころから妻はダイエットの本を何冊か買ってきて読みはじめました。50代半ばの女性にとって骨粗鬆症にならないための食事も大切です。カルシウムの摂取を心がけてヨーグルトを積極的にとるようにしました。私も「運動は自分で行い、食事のカロリーもしっかりと計算する」と決意して、「夫婦でダイエット」を始めたのは２０１０年３月でした。

## 女子栄養大学「正しいダイエット」とタニタ食堂

２０１０年5月の初め、妻と東京に出かけた際に東京駅近くの丸善で女子栄養大学出版のダイエットの本を見つけて購入しました。『正しいダイエット指導します』『４週間で３kg確実にやせるダイエットブック』[2,3]の２冊（図5、6）で、前者は主食、タンパク質、乳製品などをバランスよくとり偏らない食事をすること、後者は１日１４００ｋｃａｌ摂取にするとひと月で３kg減量出来るというものでした。これにしたがってごはんの量を減らしました。毎回のごはんの量を２００ｇから１００ｇにすると、ごはん１００ｇあたりで１６８ｋｃａｌなので、１日３度の食事だと1か月で１６８×３×30＝１５１２０ｋｃａｌの減です。７０００ｋｃａｌで１kgなので、約

図５

図６

２kgの減量になります。

５月に出席した学会の医学書展示場に山積みの本がありました（図７）。それは『体脂肪計タニタの社員食堂』[4]で、書店の人によると「とても売れていますよ」とのこと。即購入しました。この本のポイントは測定することです（タニタは体重計など測定機器販売の会社です）。社員食堂のおかずは一定ですが、ごはんは各自が測定してよそうのです。このような食事を昼食１回だけでも継続すると社員の体重は減少していったというのです。ごはんの量を測定することでダイエットへの意識が高まり、食べ過ぎを防ぐ効果があったのでしょう。ちょうどこのころ、インターネットの「簡単！栄養ａｎｄカロリー計算」[5]（図８）にはいり、さまざまな食材のカロリーを調べるようになりました。

## カロリー計算

「簡単！栄養ａｎｄカロリー計算」では肉、魚、野菜、果物、乳製品などほとんどの食材の１００ｇあたりのカロリー、栄養成分、コレステロール値、食物繊維、塩分量などが参照できます。牛肉は高カロリーであり、和牛が輸入牛より高カロリーであることがわかりました（多くの人にとって周知のことでしょうが、私にとって初めて実感したことで、新鮮な驚きでした）。牛肉、豚肉ではひれ肉、とり肉ではささみ、

図７

図８

むね肉が低カロリーであることがわかり、牛肉、豚肉ではもっぱらひれ肉を、そしてとり肉ではささみかむね肉をとるようにしました。また、牛乳、ヨーグルトは無脂肪乳、低脂肪乳にしました。このころから食事を作る際の油はオリーブオイルを使用して、計量スプーンを必ず使うようにしました。このように油の摂取を極力控えたダイエットの成果があり、５月末の検診では体重が68kgと６kg減り、腹囲は88㎝と８㎝減少して、血液検査でも総コレステロール値は１７７ｍｇ／ｄｌと正常値になりました。

妻の減量も順調で、60kgだった体重が1か月に約３kgずつ減少して６か月後には47kgとスマートになり職場の同僚は驚きました。病気ではないかと心配されたほどですが、本人は「体が軽くなり、仕事をしていて疲れなくて、気分も爽快になった」といっていました。

# 低カロリー、マヨネーズなしのポテトサラダ

## 材料

じゃがいも……2個（500g）
卵……2個（100g）
りんご……1個（180g）
にんじん……1本（100g）
たまねぎ……1個（160g）
きゅうり……1本（80g）
酢……120cc
こしょう……少々

## 作り方

1 ゆで卵を作る。白身をみじん切り、黄身は別にしておき、4で混ぜるときにすりつぶす。
2 じゃがいも、にんじんを電子レンジ600Wで加熱する（にんじん7～8分間、じゃがいもは約10分間）。
3 にんじんはいちょう切り、りんご、たまねぎ（みじん切り）、きゅうり（いちょう切り）をカットする。じゃがいもをつぶす。
4 1、2、3に酢を加えて混ぜてこしょう少々を加える。

〈100gあたり〉

エネルギー 61 kcal
塩分 0.04 g
食物繊維 1.4 g

低カロリーです。我が家で作った回数ナンバーワンです。

## 紫キャベツのコールスロー

材料

紫キャベツ……200g
たまねぎ……200g
ゆずの皮……10g
ほしぶどう……30g
酢……大さじ4（60cc）

〈100gあたり〉

| エネルギー | 塩 分 | 食物繊維 |
|---|---|---|
| 49 kcal | 0.00 g | 2.1 g |

紫キャベツで色鮮やかに、ほしぶどうで甘くしました。患者さんに教えてもらったレシピです。

**作り方**

1 紫キャベツ、たまねぎ、ゆずの皮をスライスする。酢、ほしぶどうを加える。

## 塩を使わないゆず大根（漬）

材料

だいこん……1本（500g）
ゆず……1個（100g）
酢……大さじ4（60cc）

**作り方**

1 だいこん、ゆずをスライサーでスライスする。酢を加えて混ぜる。

〈100gあたり〉

| エネルギー | 塩 分 | 食物繊維 |
|---|---|---|
| 24 kcal | 0.04 g | 2.0 g |

透析担当の内科医に評価されました。

## キーウィフルーツでゴーヤーサラダ

■ 材料（2人分）
ゴーヤー……1/2本（120g）
キーウィフルーツ……1個（80g）
たまねぎ……1/2個（120g）
酢……大さじ4（60cc）

〈1人分〉

| エネルギー | 塩分 | 食物繊維 |
|---|---|---|
| 61 kcal | 0.00 g | 3.5 g |

〈100gあたり〉

| エネルギー | 塩分 | 食物繊維 |
|---|---|---|
| 32 kcal | 0.00 g | 1.9 g |

■ **作り方**
1 ゴーヤーの綿を取り除き、たまねぎをスライサーでスライスする。キーウィフルーツをカットして、酢を加えて混ぜる。

## ドラゴンフルーツでゴーヤーサラダ

■ 材料（4人分）
ゴーヤー……1/2本（120g）
ドラゴンフルーツ……1個（120g）
たまねぎ……1/2個（120g）
酢……大さじ4（60cc）

〈1人分〉

| エネルギー | 塩分 | 食物繊維 |
|---|---|---|
| 35 kcal | 0.00 g | 1.9 g |

〈100gあたり〉

| エネルギー | 塩分 | 食物繊維 |
|---|---|---|
| 33 kcal | 0.00 g | 1.8 g |

ゴーヤーの苦みがドラゴンフルーツで緩和されます。これでも苦ければはちみつをくわえてもいいでしょう。低カロリー、食物繊維豊富です。

■ **作り方**
1 ゴーヤーの綿を取り除き、たまねぎをスライサーでスライスする。ドラゴンフルーツをカットして、酢を加えて混ぜる。

## ヤーコンの柿なます

材料

ヤーコン……1本(300g)
柿……2個(160g)
酢……大さじ3(45cc)

〈100gあたり〉

| エネルギー | 塩分 | 食物繊維 |
| --- | --- | --- |
| 53 kcal | 0.00 g | 2.3 g |

ヤーコンはそれだけでも甘く、砂糖は不要です。

作り方

1 ヤーコンの皮をむいてせん切り器でスライスする。柿をくし型にカットする。
2 ボウルに酢を入れておき 1 を加えて混ぜる。

## セロリアボカドサラダ

材料(4人分)

セロリ……1本(80g)
キーウィフルーツ……2個(150g)
アボカド……1個(150g)
酢……大さじ2(30cc)

〈1人分〉

| エネルギー | 塩分 | 食物繊維 |
| --- | --- | --- |
| 95 kcal | 0.03 g | 3.2 g |

〈100gあたり〉

| エネルギー | 塩分 | 食物繊維 |
| --- | --- | --- |
| 93 kcal | 0.02 g | 3.1 g |

セロリの香り、しゃきしゃきとした歯ごたえとキーウィフルーツの甘み、酸味、脂肪分の多いアボカドのなめらかな味わいのミックスです。

作り方

1 セロリを斜め切りにする。キーウィフルーツをカットし、アボカド、酢を加えて混ぜる。

## かぼちゃサラダ

**材料（12人分）**

かぼちゃ……1/2個（500g）
さつまいも……2本（400g）
無脂肪ヨーグルト……100g
ほしぶどう……60g
ゆず皮……10g

〈1人分〉

| エネルギー | 塩分 | 食物繊維 |
| --- | --- | --- |
| 102 kcal | 0.02 g | 3.2 g |

〈100gあたり〉

| エネルギー | 塩分 | 食物繊維 |
| --- | --- | --- |
| 114 kcal | 0.02 g | 3.6 g |

ヨーグルトのかわりにカッテージチーズやマスカルポーネチーズでも良好です。

**作り方**

1 かぼちゃの種、皮を除いて、電子レンジ600Wで約7〜10分間加熱、十分に軟らかくする。
2 さつまいも（安納いも）を約25〜30分間ゆでて（十分に軟らかくなるまで）皮をむく。
3 ボウルにかぼちゃ、さつまいも、ヨーグルト、ほしぶどう、せん切りにしたゆずの皮をいれて混ぜる。

## さわやか、アボカドサラダ

**材料**

アボカド……1個（150g）
キーウィフルーツ……1個（120g）
きゅうり……2本（170g）
とりささみ……3切れ（160g）
酢……大さじ2（30cc）
乾燥バジル……少々

〈100gあたり〉

| エネルギー | 塩分 | 食物繊維 |
| --- | --- | --- |
| 86 kcal | 0.03 g | 2.0 g |

簡単です。とり肉とバジルの組み合わせは定番です。

**作り方**

1 とりささみをゆでて、適当な大きさにさく。アボカド、キーウィフルーツ、きゅうりをカットする。
2 1に酢を加えて混ぜる。乾燥バジル少々加える。

## 簡単、うどのさば缶和え

### 材料（４人分）

うど …… 200g
にんじん …… 1/2本（80g）
さば水煮缶 …… １缶（190g）

〈１人分〉

| エネルギー | 塩分 | 食物繊維 |
|---|---|---|
| 99 kcal | 0.31 g | 1.4 g |

〈100gあたり〉

| エネルギー | 塩分 | 食物繊維 |
|---|---|---|
| 84 kcal | 0.26 g | 1.2 g |

うどのさば缶和えは病院の朝食にしばしば出てきました。参考にしてつくりました。

### 作り方

1 うど、にんじんを斜め切りにして電子レンジ600Wで３～４分間加熱して、さば水煮缶を加えて混ぜる。

## トマトチーズズッキーニ

### 材料（４人分）

ズッキーニ（黄と緑） …… 小２本（300g）
オリーブオイル …… 小さじ１（5cc）
トマト …… ２個（300g）
とろけるチーズ …… 30g

〈１人分〉

| エネルギー | 塩分 | 食物繊維 |
|---|---|---|
| 58 kcal | 0.12 g | 1.7 g |

〈100gあたり〉

| エネルギー | 塩分 | 食物繊維 |
|---|---|---|
| 36 kcal | 0.08 g | 1.1 g |

肉、魚へのソースにも使えます。

### 作り方

1 フライパンでオリーブオイルを熱して輪切りにしたズッキーニを炒める。
2 トマトをくし型にカットして電子レンジ600Wで２分間加熱する。
3 **1**と**2**を混ぜ、とろけるチーズを加える。

## 鈴木教授と減塩運動

私の恩師の鈴木二郎先生（東北大学脳神経外科初代教授）は１９４５年の春に海軍兵学校を卒業しましたがまもなく終戦となりました。終戦後に医学部に入学、卒業後は脳神経外科医となり、特に脳卒中の外科治療に力を注ぎました。鈴木先生は多くの脳神経外科医を育て、それぞれ各地で活躍しています。その鈴木先生が定年退官前年の１９８７年に、脳卒中の外科国際シンポジウムを仙台で開催することを計画して、海軍兵学校時代の教頭先生であられた高松宮殿下にこの会の名誉総裁を依頼しました。鈴木先生が高松宮殿下に面会して、東北大学脳外科の業績、特に脳卒中の外科的治療（手術）について進講して、一度東北大学をご訪問下さるようにお願いしたところ、高松宮殿下は「君、脳卒中になってしまったらおしまいだから、脳卒中にならないような研究をやった方がいいのではないか」とおっしゃられ、鈴木先生はたじたじとなったと記しています。

　しかし、鈴木先生は脳卒中に対して手術治療のみの脳神経外科医ではなく、予防にもとても力を入れていたことを証明したいと思います。鈴木先生は１９８８年に定年退官しましたが、その最終講義の記録に「宮城県を含めた東北地方や北日本は脳卒中の発生、死亡率がきわめて高率であり、西の方は低発生率なのです。財団法人の宮城県対脳卒中協会が設立できたのはやっと1980年でした。その財団で私たちは減塩運動をやったのですが、味噌、醤油の会社から電話が来て、『鈴木二郎は俺たちの生活をどうしてくれるのか。商い出来なくなったぞ。』というような電話も頂いたこともありました。したがって患者も少なくなり、我々外科の患者さんも少なくなるのではないかという心配も出てきたのですが、しかし我々も医者であり、やはり脳卒中は予防が第一だと考えており、社会に出て大いに脳卒中を減らす仕事をやってきたつもりであります。」と書いています。鈴木先生は定年退官の際に『続　脳と脳』という本を出版しましたが、その序文に東北大学学長の石田名香雄先生が「彼（鈴木先生）の社会ではたした最大の業績は東北人の食物から塩を減らしたことではないかと思っている。東北人の食物から塩が減って、これと平行して東北の脳卒中は減少した。呼びかけ人の偉大さに改めて敬意を表したい」と書いておられます。

　さらに、私は覚えていないのですが、結婚したばかりのころに食事に漬け物を多くだす妻に、私が「鈴木先生は（塩分の多い）漬け物は食べない」と言ったそうです。妻はそれをしっかりと受け止めました。おかげで我が家の食卓には漬け物はなく、こどもたちは漬け物を食べずに育ったのです。鈴木先生は確かに私たちに減塩のメッセージを伝えていたのです。

（広報おきたま病院12号　２０１５年11月）

アボカド、米なす、コリンキーを使って

# 卵の三色ココット

■ 材料

アボカド（中身一部除去） ……… 1/2個（30g）
米なす（中身一部除去） ……… 1/2個（80g）
コリンキー（中身一部除去） ……… 1/2個（80g）
卵 ……… 3個（150g）
減塩みそ（なす用） ……… 1g
こしょう ……… 少々

コリンキーは生でも食べられるかぼちゃの一種です。電子レンジで料理、簡単です。楽しみましょう。

■ **作り方**

1 アボカド、米なす、コリンキーを縦に割り、中身を除去して卵を入れるスペースを作る。なすにはみそをぬる。

2 1に卵を割り入れ、こしょうを少々振る。

3 2にラップをして電子レンジ600Wで約3分間加熱（卵のゆでぐあいの好みにより適宜変更）。

〈アボカド　100gあたり〉

| エネルギー | 塩分 | 食物繊維 |
| --- | --- | --- |
| 165 kcal | 0.23 g | 2.0 g |

〈米なす　100gあたり〉

| エネルギー | 塩分 | 食物繊維 |
| --- | --- | --- |
| 72 kcal | 0.24 g | 1.6 g |

〈コリンキー　100gあたり〉

| エネルギー | 塩分 | 食物繊維 |
| --- | --- | --- |
| 115 kcal | 0.14 g | 2.2 g |

## ゴーヤー、ズッキーニなど夏野菜のごまみそ和え

### 材料

ゴーヤー……1本（160g）
なす……2本（160g）
きゅうり……1本（80g）
ズッキーニ黄……1/2本（120g）
ズッキーニ緑……1/2本（100g）
ミニトマト……10個（100g）
おろししょうが……少々
アボカド……1/2個（40g）
減塩みそ……20g
ごま油……小さじ1（5cc）

〈100gあたり〉

| エネルギー | 塩分 | 食物繊維 |
|---|---|---|
| 39 kcal | 0.21 g | 1.86 g |

電子レンジで料理、油の使用も少なくてOKです。

### 作り方

1 ゴーヤーの綿を取り除きカットする。なすを乱切り、ズッキーニは輪切りにする。電子レンジ600Wで4分間加熱する。
2 1にきゅうり（乱切り）、ミニトマト、おろししょうが、アボカド、減塩みそ、ごま油小さじ1を加えて混ぜる。

## ズッキーニみそチーズ焼き

### 材料（2人分）

ズッキーニ……2本（400g）
減塩みそ……小さじ1（6g）
おろししょうが……4g
とろけるチーズ……4g

〈1人分〉

| エネルギー | 塩分 | 食物繊維 |
|---|---|---|
| 41 kcal | 0.3 g | 2.9 g |

〈100gあたり〉

| エネルギー | 塩分 | 食物繊維 |
|---|---|---|
| 20 kcal | 0.14 g | 1.4 g |

電子レンジでの料理、簡単です。

### 作り方

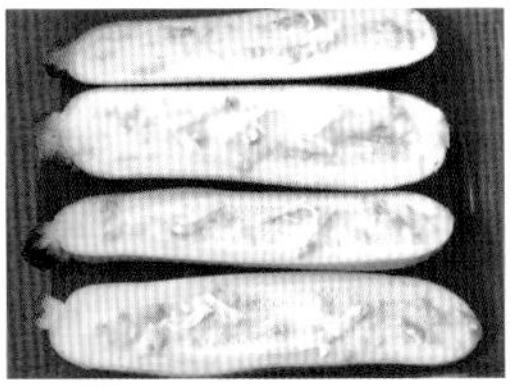

1 ズッキーニを縦にカットして、みそ、おろししょうがを混ぜたものをぬり、その上にとろけるチーズをのせ、電子レンジ600Wで4分間加熱する。

## ゴーヤーイカリング

### 材料（２人分）

ゴーヤー ……… １本（200g）
イカ ……… 100g
めんつゆ …… 大さじ２（30cc）
水 ……… 適量

〈１人分〉
エネルギー 68 kcal　塩分 0.55 g　食物繊維 2.6 g

〈100gあたり〉
エネルギー 45 kcal　塩分 0.37 g　食物繊維 1.7 g

ゴーヤーのリング、イカのリングで楽しく作りました。

### 作り方

1　ゴーヤーの綿を取り除いて、5mm幅の輪切りにして、ゆでたイカ（スーパーで販売のもの）とともに、なべ（水適量とめんつゆ）で煮込む。

## オーブンで簡単、ゴーヤートマトチーズ

### 材料（４人分）

ゴーヤー ……… ２本（350g）
トマト ……… ２個（350g）
とろけるチーズ ……… 30g

〈１人分〉
エネルギー 53 kcal　塩分 0.12 g　食物繊維 3.2 g

〈100gあたり〉
エネルギー 29 kcal　塩分 0.07 g　食物繊維 1.7 g

オーブンで焼いたゴーヤーは苦みがなくなります。モッツァレラチーズ使用のとろけるチーズは低脂肪で低塩分です。

### 作り方

1　ゴーヤーの綿を取り除き、5mmくらいの輪切りにする。
2　トマトをくし型にカットする。
3　１、２を耐熱皿に入れ、予熱したオーブン、200℃で30分間焼く。
4　３をオーブンから出して、とろけるチーズをかける。

## ゴーヤー、トマトとプルーン

### 材料

ゴーヤー ……… 3本（600g）
ミニトマト ……… 600g
プルーン ……… 300g

〈100gあたり〉

| エネルギー | 塩分 | 食物繊維 |
| --- | --- | --- |
| 28 kcal | 0.00 g | 2.0 g |

トマト、プルーンをゴーヤーに合わせて、簡単に、楽しく作れます。

### 作り方

1 ゴーヤーの綿を取り除き、5mm位の輪切りにして、ミニトマト、プルーンとともに耐熱皿に入れ、予熱したオーブン、200℃で30分間焼く。
2 取り出して皿に盛りつける。

## ゴーヤーリングのみそ和え

### 材料（4人分）

ゴーヤー ……… 2本（400g）
ミニトマト ……… 100g
おろししょうが ……… 5g
ごま油 ……… 小さじ1（5cc）
減塩みそ ……… 20g

〈1人分〉

| エネルギー | 塩分 | 食物繊維 |
| --- | --- | --- |
| 71 kcal | 0.45 g | 3.0 g |

〈100gあたり〉

| エネルギー | 塩分 | 食物繊維 |
| --- | --- | --- |
| 53 kcal | 0.19 g | 2.2 g |

ゴーヤーを電子レンジで加熱しました。苦みが弱くなりました。しょうがのかわりにみょうがでも良好です。

### 作り方

1 ゴーヤーの綿を取り除いて、5mm幅の輪切りにして、電子レンジ600Wで5～6分間加熱する。
2 ミニトマトを半分にカット、おろししょうが、ごま油、みそと合わせて混ぜる。

## 「一日塩分6グラム」と家森幸男さん

２０１１年２月の朝日新聞の「ひと」欄に広島県呉市の日下医師が掲載されていました。日下さんは内科の医師で高血圧が専門ですが、一日の塩分６ｇの食事をとるように指導しても患者さんにとって実行は難しいものでした。日下さんは呉市内のレストランに働きかけて、一食４００～６００ｋｃａｌ、塩分２～３ｇの昼食（ヘルシーグルメランチ）を提供出来るようにしてもらいました。この記事の最後には翌年に呉市で減塩サミットを開催する計画とありました。２０１２年に減塩サミットが開催され、それに参加した知り合いの管理栄養士さんが、私におみやげの「減塩スプレー醤油」を買ってきてくれました。

　ちょうどそのころ、家森幸男先生が減塩に力をいれてきたことを知りました[6,7]。家森先生は基礎医学者ですが高血圧、脳卒中発症ラットを作成して脳卒中学会の最高の賞である草野賞を受賞しています。さらにこのラットに対して低塩分食を与えると脳卒中が予防できることも証明しました。ついで家森先生は世界の長寿地域など各国を回り、人々の一日の尿中ナトリウムを測定しました。これにより一日の塩分摂取量が計算できます。すると、塩分摂取の少ない地域では長寿で、塩分摂取の多い地域では短命でした。従来から長寿で知られていた沖縄を何度も訪問、調査しました。さら

図９

にハワイ、ブラジルに移民した沖縄の人々の子孫を調査して比較したところ、昔ながらの沖縄の食事習慣を保っているハワイでは長寿なのに対して、塩分の多い肉を大量にとるブラジルでは短命でした。長寿には遺伝子よりも食習慣、特に塩分摂取が関係すると強調しています（図9、10）。

## 減塩食レシピの本、病院の試み

近年、病院食の減塩に力をいれ、レシピ本を出版している病院がいくつか見られます。国立循環器病センターは、東日本大震災後に、医師、看護師、栄養士のチームで東北地方の被災地を訪れ、減塩で健康的な食事を推進するように働きかけました（減塩プロジェクト）。被災者の多くはカップラーメンや保存食など栄養バランスの偏った塩分の多い食事をとっていたのです。２０１１年夏、京都での脳卒中学会（３月に東京で開催の予定であったが東日本大震災のために中止となり、夏に京都で開催されたもの）で循環器病センター院長の峰松先生が減塩プロジェクトに関して講演したのをよく覚えています。翌年に『国循の美味しい！ かるしおレシピ』[8]（図11）が出版され、２０１３年には続編[9]も出版されています。とくに続編のレシピにはカロリー、塩分のみでなく、コレステロール、食物繊維量も記載されています。

愛媛大学病院ではホテルのシェフが減塩の美味しい食事作成にかかわって、『ホテ

図10

図11

ルシェフと大学病院の管理栄養士が考えたおいしい！塩分ひかえめ「マイしおレシピ」』[10]という本を出版しました（2013年）。ムリなく減塩できるよう、塩分3g→2g→1gと段階を経たメニューを紹介しています。一流シェフと大学病院の管理栄養士がコラボで考えたので、美味しくてヘルシーなレシピです。知っておきたい外食での減塩のポイント（塩分の多い外食は避ける、残すが基本―和定食についているみそ汁、漬けもの、梅干しなどは残す、など）も掲載されています。

## 弘前大学と楽天レシピ「3ダウンレシピ」

平均寿命が男女とも全国最下位が続いている青森県では平均寿命の延伸が県政の課題とされ、減塩の推進に力を入れています。その一例として、弘前大学と楽天レシピが共同で、レシピを通して高血圧予防に取り組む「3ダウンレシピプロジェクト」を行い、「楽天レシピ」のサイト上でコンテストを実施、選ばれた優秀レシピをまとめて『食べるダイエット』[11]（図12）という本を2017年に出版しました。塩、油、糖をおさえたものが「3ダウンレシピ」です。その青森県職員の方が朝日新聞の「私の視点」に「無意識の減塩を社会全体で進めるべきだ」という意見を投稿していました。職員は青森県の研修制度を利用して、減塩の先進国とされるイギリスを訪問しました。イギリスでは医学者や栄養学者がCASH: Consensus Action on Salt

図12

and Health（塩と健康に関する国民会議）を設立して、食品に塩を使いすぎないように業界に働きかけています。その効果は着実に現われて、一日の食塩摂取量は9.5g（２００３年）から8.6g（２０１１年）に減少して、心疾患や脳血管疾患の死亡率が40%も低下しました。なお、認知症の有病率も１９９０年から２０１０年の間に22%も減少しています。

## 脳卒中予防七か条

日本脳卒中学会では２００３年に脳卒中予防十か条を作っています。「手始めに高血圧からなおしましょう」「糖尿病放っておいたら悔い残る」など５－７－５で十番目には「脳卒中起きたらすぐに病院へ」と十か条からなり、私も２００６年頃から講演会ではしばしば使ってきて、病棟でも患者さんの指導に用いていました。

ダイエットを始めてからほぼ１年たった２０１１年５月に院内の栄養士、調理師の方たちの学習会で脳卒中とその予防について講演する機会がありました。予防においての食事の大切さについて話しました。タニタの社員食堂の本、女子栄養大学の正しいダイエットの本を紹介して、最後に、ダイエット前後の私の妻の写真をスライドで示したところ、みんな感嘆して、調理師の一人は講演の後で「私も奥さんのようにスマートになりたい、ダイエットしたい、どうすればいいのですか」と聞いてきたほどでした。

脳卒中予防のためには食事が基本です。「医食同源」という言葉があります。古くは医聖といわれているヒポクラテスも「食事で治せない病気は医者にも治せない」と述べているそうです。食事が健康、病気の予防、治療に関して大切なことは永遠の真理と思われます（美味しいものを食べたい、食欲は生きることの基本です）。

病気にならない、脳卒中にならないためには肥満防止（ダイエット）、高血圧の予防のための減塩食、次に適度な運動、そして禁煙、お酒を飲み過ぎないような生活習慣が大切です。高血圧、糖尿病、高脂血症、心疾患（心房細動）に対する薬物治療はその後に来るものです。脳卒中になれば迅速な診断と治療のできる専門病院にいくべきであり、脳卒中の症状も具体的に手足顔の麻痺やしびれと表現しました。これらを５－７－５－７－７の短歌にしました。同僚医師や看護スタッフ、リハビリスタッフなどにみせると好評でした。これを10月に山形市で開催された日本脳神経外科学会主催の市民講演会で脳卒中予防七か条として披露しました。

## 脳卒中予防七か条　（金城　２０１１年）

１．一日の塩分目標６グラム　料理にいつも計量スプーン

２．ダイエットに大切な３つの「あ」控えよ
　　油、アルコール、甘いお菓子を

３．年齢と体力にあった運動で　肥満防止適正体重

４．喫煙と酒の飲みすぎは脳卒中の　危険因子控えましょう

５．普段からコントロールしよう血圧と　糖尿病に高脂血症

６．心原性塞栓症の原因の　心房細動あれば受診を

７．手足顔麻痺やしびれは脳卒中　すぐに受診専門病院

# 低カロリー、食物繊維たっぷりのキクラゲきのこ炒め

### 材料（4人分）

乾燥キクラゲ
…… 15g（もどして150g）
エリンギ …… 100g
まいたけ …… 100g
ぶなしめじ …… 100g
ピーマン …… 100g
しょうが …… 30g
減塩みそ …… 小さじ2（10g）
かたくり粉 … 小さじ2（10g）
オリーブオイル
…… 小さじ1（5cc）
水 …… 100cc

〈1人分〉

エネルギー 58 kcal　塩分 0.23 g　食物繊維 5.6 g

〈100gあたり〉

エネルギー 38 kcal　塩分 0.15 g　食物繊維 3.8 g

### 作り方

1 乾燥キクラゲを約15分間沸騰した湯でもどす。
2 エリンギを斜め切り、ピーマンを乱切り、まいたけを適当に分け、ぶなしめじは石づきをのぞく。しょうがを細切りにする。
3 減塩みそ、かたくり粉を水で溶く。
4 フライパンにオリーブオイルを熱して、1、2を炒める。火を止める1～2分前に3を加えて混ぜる。

キクラゲは食物繊維がとても豊富です。きのこにも食物繊維が多く含まれています。1日の食物繊維摂取量は18gが基準とされていますが、このおかず1人前で1日必要量の約1/3がとれます。

# そば粉のガレット

## 材料（２枚分）

生地
- そば粉（玄そば）……50g
- 牛乳……50cc
- 水……50cc
- 卵……１個（50g）

具
- アボカド…1/2個（50g）
- 卵……２個（100g）
- 塩こしょう……少々

オリーブオイル
……小さじ1/2×２枚分（5cc）

〈１人分〉

| エネルギー | 塩分 | 食物繊維 |
| --- | --- | --- |
| 281 kcal | 0.31 g | 2.4 g |

〈100gあたり〉

| エネルギー | 塩分 | 食物繊維 |
| --- | --- | --- |
| 158 kcal | 0.18 g | 1.35 g |

## 作り方

**1** 生地のもとを作る
ボウルにそば粉、牛乳、水を入れて混ぜる。そこへ卵を割り入れて、さらに混ぜる。

**2** ホットプレートを熱して、オリーブオイルを引いて、**1**を入れて、薄く広げて焼く。アボカドを並べ、その中に卵を割り入れて、塩こしょう少々をかけてふたをする。

**3** 生地がある程度焼けたら、四方から具をつつむようにする。

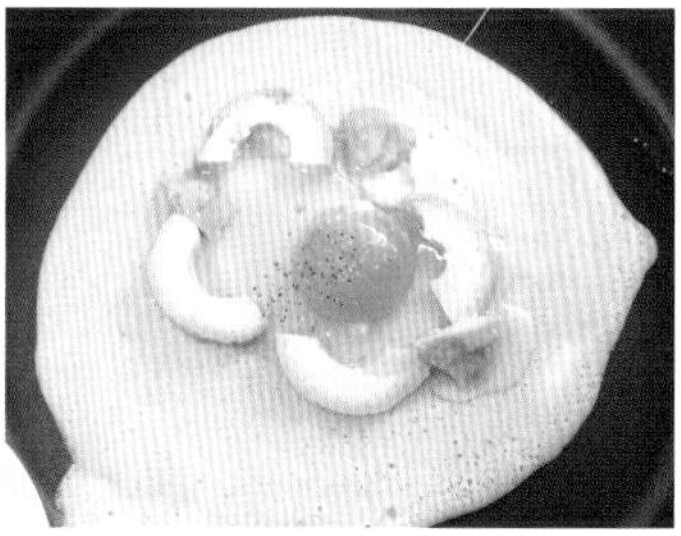

そば粉（玄そば）はミネラル、食物繊維豊富です。

# 減塩、低カロリーのえびチャプスイ

■ 材料（４人分）

はくさい ………… 1/4（450g）
たまねぎ ………… １個（270g）
むきえび …… １パック（200g）
おろししょうが ………… 20g
オリーブオイル
………………………… 小さじ１（5cc）
塩こしょう …… １パック（1g）
減塩しょうゆ ………… 3cc
かたくり粉 ………… 10g

〈１人分〉

| エネルギー | 塩分 | 食物繊維 |
|---|---|---|
| 99 kcal | 0.5 g | 2.7 g |

〈100gあたり〉

| エネルギー | 塩分 | 食物繊維 |
|---|---|---|
| 47 kcal | 0.22 g | 1.1 g |

■ **作り方**

1 フライパンにオリーブオイルを熱し、くし型にカットしたたまねぎを炒める。

2 ざく切りにしたはくさい、むきえび（ゆでたもの）、おろししょうがを加えて炒め、塩こしょう、減塩しょうゆで味付けする。

3 中火にしてふたをして数分間蒸す。火を止めて、かたくり粉を水でといて加えて混ぜる。

小袋になっている減塩しょうゆを使っています。

■ チャプスイとは

八宝菜に似たアメリカ式中華料理の一種。沖縄のドライブイン、レストランなどでは一般的なメニュー。主菜としてそのまま、あるいは白飯や中華麺にかけて食する。えびのかわりに豚肉、とり肉、牛肉などをメインとしたメニューがあります（ポークチャプスイ、チキンチャプスイ、ビーフチャプスイ）。

COLUMN

# 金城食品

私が高校２年のときに母親がコロッケや魚フライ、ジューシー（沖縄の炊き込みごはん）のおにぎりなどのお惣菜を作って販売を始めました。私たち子供の学資のために頑張ったのです。何度か手伝いましたが、出来立てのコロッケ、魚フライなどはあつあつでおいしくて、よくつまみ食いしたものです。ジューシーのおにぎりはさめてもおいしくて、近隣ではとくに評判でした。母は「新鮮な材料で、いつでもおいしく」ということを心がけていました。ジューシーのレシピの工夫をたずねると、豚肉のかわりにポークランチョンミート、昆布のかわりにひじきを使い、にんじんと組み合わせた。そうすると短い時間でできてよかったといいます。当時たべた総菜のなかで印象に残るものに、とろろ昆布の巻き寿司があります。はじめてみるものも多く、母は新しいレシピにも取り組んでいたと思います。弁当もカラフルで見ていてもおいしそうで幸せな気分になったと覚えています。母は、「総菜を作って、お客さんが喜んでくれるのがうれしかった。」といいます。私が医師として、治療により患者さんがよくなって感謝されるとうれしいのと同じだと思います。

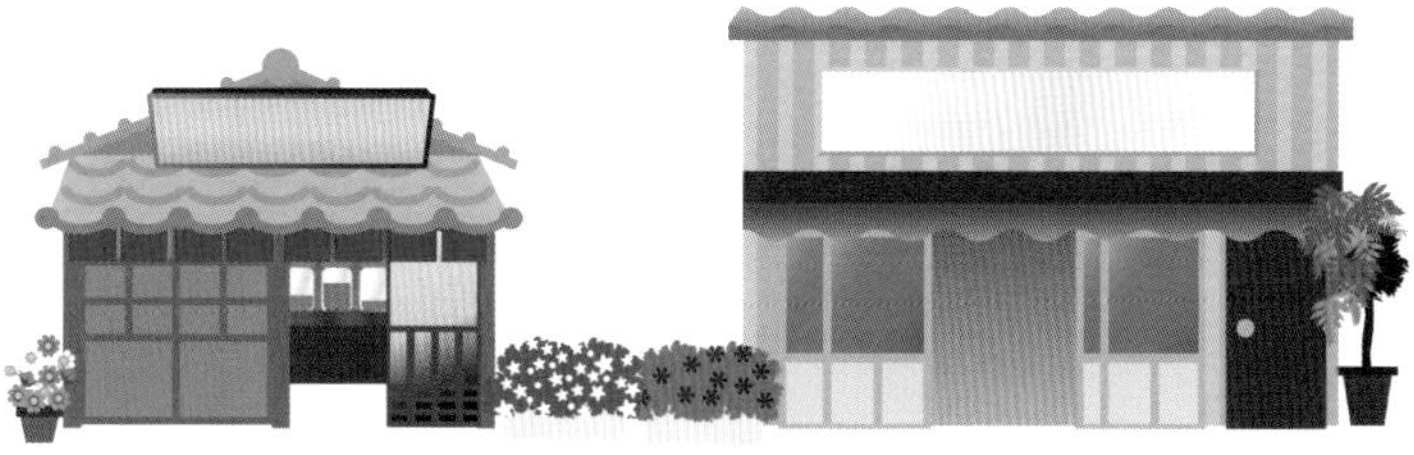

## 油なし、電子レンジ（グリル）でチキンカツ

### 材料（4人分）

若とりむね肉（皮なし）…… 300g
卵 …… 1個（50g）
パン粉 …… 30g
かたくり粉 …… 30g
乾燥バジル …… 適量
塩こしょう（0.1x12切れ分）…… 1.2g

### 作り方

1 若とりむね肉（皮なし）を一口大にカット（12切れ）して乾燥バジル、塩こしょう（かるしおスプーン0.1ml）をまぶして、かたくり粉、溶き卵をつけてからパン粉（前もってフライパンで約1～2分間焼いてきつね色にしておく）をつける。

2 クッキングシートにのせて電子レンジ、予熱なし、グリルで15分間焼く。

〈1人分〉

| エネルギー | 塩分 | 食物繊維 |
|---|---|---|
| 153 kcal | 0.42 g | 0.00 g |

〈100gあたり〉

| エネルギー | 塩分 | 食物繊維 |
|---|---|---|
| 149 kcal | 0.41 g | 0.00 g |

油であげないカツを作ってみました。低カロリーです。見た目も味もいけると思います。

スプレーしょうゆ

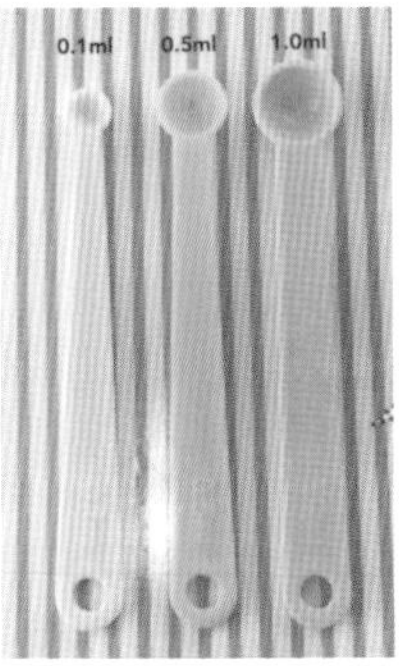


かるしおスプーン

## 減塩、低カロリーのニラチキン

■ 材料（4人分）

とりひき肉 ………… 300g
ニラ ………… 100g
塩こしょう
………… 小さじ1/4（1.25g）
オリーブオイル
………… 小さじ1（5cc）

〈1人分〉

| エネルギー | 塩分 | 食物繊維 |
|---|---|---|
| 141 kcal | 0.33 g | 0.68 g |

〈100gあたり〉

| エネルギー | 塩分 | 食物繊維 |
|---|---|---|
| 139 kcal | 0.32 g | 0.67 g |

我が家で一番の人気メニューです。

■ 作り方

1 ニラを5cmくらいに切る。とりひき肉、ニラ、塩こしょうをポリ袋に入れて混ぜる。
2 フライパンにオリーブオイルを入れ強火から中火で**1**を炒め、うらかえし、中火から弱火にしてフライパンにふたをして蒸す。

## とりむね肉、エリンギでチンジャオロースー

■ 材料（2人分）

とりむね肉（皮なし）… 200g
ピーマン ………… 4個（120g）
赤パプリカ …… 1/2個（100g）
エリンギ …… 1パック（100g）
バジルみそ …… 小さじ1（5g）
かたくり粉 …… 小さじ1（5g）
無添加鶏がらスープ
………… 1/2袋（2.5g）
オリーブオイル
………… 小さじ1（5cc）

〈1人分〉

| エネルギー | 塩分 | 食物繊維 |
|---|---|---|
| 188 kcal | 0.48 g | 4.3 g |

〈100gあたり〉

| エネルギー | 塩分 | 食物繊維 |
|---|---|---|
| 76 kcal | 0.18 g | 1.6 g |

■ 作り方

1 とりむね肉（皮なし）をゆでて細切りにしてからバジルみそ、かたくり粉と混ぜる。
2 ピーマン、赤パプリカ、エリンギを細切りにする。
3 フライパンにオリーブオイルを熱して**1**、**2**と無添加鶏がらスープを加えて炒める。

カラフルで、低カロリーです。バジルみそがない場合は、乾燥バジル（適量）と減塩みそを混ぜ合わせて使います。

## とりひき肉で卯の花

■ 材料（６人分）

おから……150g
とりむね肉ひき肉……100g
にんじん……30g
しょうが……10g
めんつゆ……大さじ２（30cc）
水……100cc
オリーブオイル……小さじ１（5cc）

〈１人分〉

| エネルギー | 塩分 | 食物繊維 |
|---|---|---|
| 62 kcal | 0.2 g | 3.1 g |

〈100gあたり〉

| エネルギー | 塩分 | 食物繊維 |
|---|---|---|
| 115 kcal | 0.37 g | 5.7 g |

■ 作り方

1 にんじん、しょうがをみじん切りにする。
2 フライパンにオリーブオイルを熱して、ひき肉、にんじん、しょうがを炒める。おから、めんつゆ、水を加える。

おからは低カロリーで食物繊維が豊富です（100gあたり食物繊維 11.5g）

## 簡単、とりむね肉のみそ焼き

■ 材料（４人分）

皮なしとりむね肉……300g
減塩みそ……大さじ１（18g）
ヨーグルト……大さじ１（15g）

〈１人分〉

| エネルギー | 塩分 | 食物繊維 |
|---|---|---|
| 93 kcal | 0.49 g | 0.00 g |

〈100gあたり〉

| エネルギー | 塩分 | 食物繊維 |
|---|---|---|
| 110 kcal | 0.58 g | 0.00 g |

みそ、ヨーグルトの発酵食品を使い、低カロリーです。塩分の量も意識してみその量を決めます。

■ 作り方

1 皮なしとりむね肉をひと口大にカットして、みそ（タニタの減塩みそ）、ヨーグルト（無脂肪カスピ海ヨーグルト）をポリ袋に入れて混ぜ、約30分間おく。
2 フライパンにクッキングシートを敷き、その上に**1**をのせ、12 ～ 14分間焼く。途中、裏返して、焦げ付かないようにする。

# ゴーヤーの卵の花詰め

## 材料（４人分）

- ゴーヤー …… １本（400g）
- 「とりひき肉で卵の花」…… 160g
  - おから …… 60g
  - とりひき肉 …… 60g
  - にんじん …… 10g
  - しょうが …… 5g
  - えだまめ …… 5g
  - めんつゆ …… 15cc
  - オリーブオイル …… 5cc
  - 水 …… 50cc

※「とりひき肉で卵の花」にえだまめを加えました

〈１人分〉

| エネルギー | 塩分 | 食物繊維 |
|---|---|---|
| 63 kcal | 0.15 g | 4.9 g |

〈100gあたり〉

| エネルギー | 塩分 | 食物繊維 |
|---|---|---|
| 42 kcal | 0.11 g | 3.5 g |

## 作り方

1 「とりひき肉で卵の花」を作る。

2 ゴーヤーを真ん中でカットして、綿を取り除き、そこに卵の花を詰める。ラップをして、電子レンジ600Wで５～６分間加熱する。幅約1cmにカットして皿にのせる。

ゴーヤー、卵の花（おから）は食物繊維豊富です。

## きくいも豚肉炒め

■ 材料（2人分）

きくいも……150g
豚肉（ロース、脂身なし）……120g
しょうが……10g
めんつゆ……大さじ1（15cc）
水……15cc
オリーブオイル……小さじ1（5cc）

〈1人分〉

| エネルギー | 塩分 | 食物繊維 |
|---|---|---|
| 174 kcal | 0.31 g | 1.6 g |

〈100gあたり〉

| エネルギー | 塩分 | 食物繊維 |
|---|---|---|
| 116 kcal | 0.22 g | 1.1 g |

■ 作り方

1 きくいもを拍子木切りし、しょうがをせん切り、豚肉を適当な大きさにカットする。フライパンにオリーブオイルを熱して、材料を入れて炒める。めんつゆ、水を加えて蓋をして蒸す。

きくいもはイヌリンが豊富で糖尿病にききます。豚肉とよくあいます。

## ズッキーニ豚肉巻き

■ 材料（2人分）

ズッキーニ……1/2本（100g）
ロース豚肉（脂身なし）……120g
おろししょうが……4g
塩こしょう……0.5g
かたくり粉……10g
スプレーしょうゆ……適量

〈1人分〉

| エネルギー | 塩分 | 食物繊維 |
|---|---|---|
| 148 kcal | 0.3 g | 0.7 g |

〈100gあたり〉

| エネルギー | 塩分 | 食物繊維 |
|---|---|---|
| 124 kcal | 0.26 g | 0.6 g |

油を使いません。スプレーしょうゆで香りも良好です。低カロリーです。

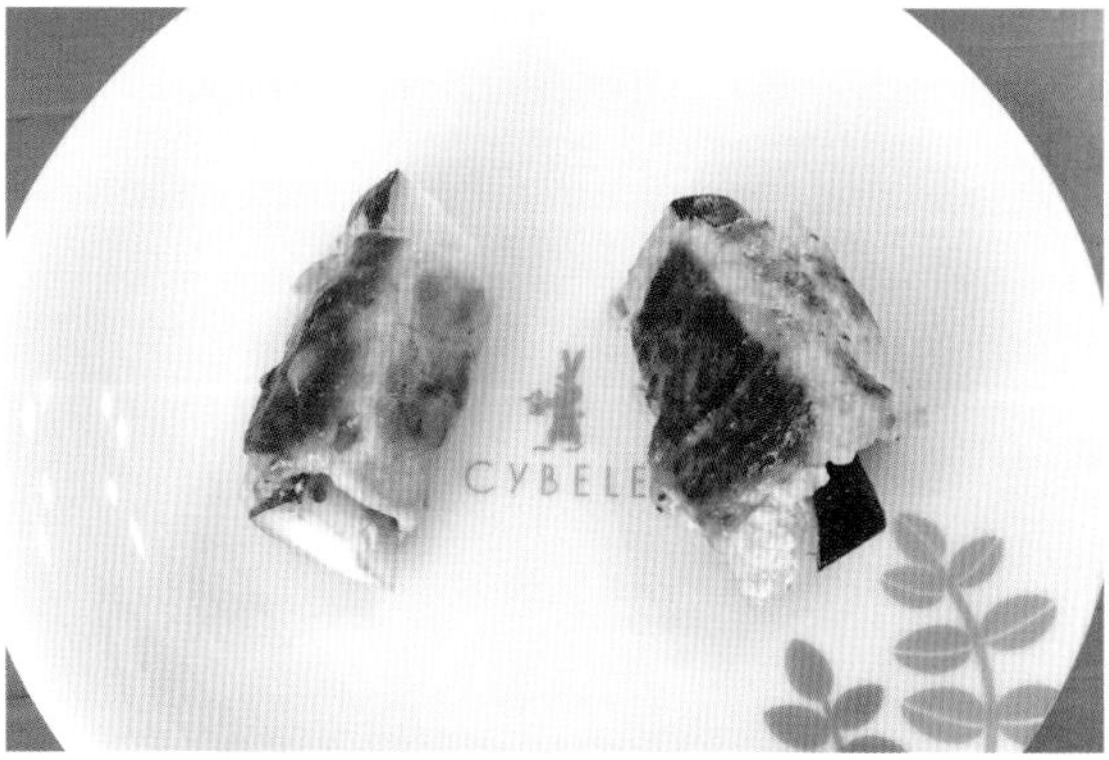


■ 作り方

1 ズッキーニを約5cmに切り、縦に4つに切る。ロース豚肉に塩こしょう（かるしおスプーン使用）、おろししょうがをのせ、カットしたズッキーニを巻き、かたくり粉をまぶす。

2 フライパンにクッキングシートをしき、肉をのせ、約10分間中火で焼く。最後にスプレーしょうゆをひと吹きする。

COLUMN

## ダッシュダイエット

しばらく前にNHK、Eテレ「チョイス@病気になったとき：高血圧と言われたら～生活改善編～」で、DASH食について放送していました。DASH食(Dietary Approaches to Stop Hypertension)はアメリカで高血圧の予防と治療に推奨されている食事です。日本の『高血圧治療ガイドライン2019』[1)]でも、減塩、DASH食、減量、運動、節酒を比較して、降圧の効果のもっとも大きかったのはDASH食（ダッシュダイエット）でした。ダッシュダイエットでは、果物、野菜、全粒穀物、無脂肪または低脂肪の乳製品、魚、鶏肉、豆、ナッツ、および植物油を充分にとります。控えるべきものは、食塩、砂糖で甘くした食品や飲料、獣肉の脂身、全脂肪乳製品、ココナッツオイル、パーム油などです。カリウム、カルシウム、マグネシウム、たんぱく質、食物繊維が多く含まれる食事により血圧が下がり、より健康的になります。

レシピは、最近一般的になった野菜のズッキーニと豚肉を組み合わせた「ズッキーニ豚肉巻き」（P44）と食物繊維の豊富なおからを使った「とりひき肉で卯の花」（P42）です。簡単でヘルシーです。減塩にスプレーしょうゆも有用です。

（広報おきたま病院22号；2019年7月）

## ゴーヤーチャンプルー やきとうふを使って

■ 材料（２人分）

ゴーヤー……1本（200g）
たまねぎ……1個（200g）
やきとうふ……1丁（300g）
無添加こんぶだし……1/2パック（2.5g）
かつおぶし……1パック（2.5g）
塩こしょう……1g
減塩しょうゆ……1袋（3cc）
オリーブオイル……小さじ１（5cc）

我が家で愛用「減塩しょうゆ」

■ 作り方

1　ゴーヤーの綿を取り除き、厚さ5mmくらいにカットする。
2　たまねぎを細切りにする。
3　やきとうふを適当な大きさにカットする。
4　フライパンにオリーブオイルを熱して、たまねぎを炒め、ついでゴーヤー、やきとうふを加え、無添加こんぶだし、塩こしょう、減塩しょうゆを加えて炒める。
5　火を止めてからかつおぶしをのせる。

〈１人分〉

| エネルギー | 塩分 | 食物繊維 |
| --- | --- | --- |
| 218 kcal | 0.51 g | 6.3 g |

〈100gあたり〉

| エネルギー | 塩分 | 食物繊維 |
| --- | --- | --- |
| 61 kcal | 0.14 g | 1.8 g |

やきとうふは水切りしたとうふの両面を直火で軽く焼いてあぶったもので、炒めても形が崩れません。やきとうふは100gあたり88kcalと比較的低カロリーです。食物繊維豊富です。

## フーチャンプルー

■ 材料（2人分）

くるま麩 ………………… 20g
卵 ……………………… 2個（100g）
ほうれんそう ……………… 200g
めんつゆ …… 大さじ1（15cc）
オリーブオイル
……………………… 小さじ1（5cc）

〈1人分〉

| エネルギー | 塩分 | 食物繊維 |
| --- | --- | --- |
| 87 kcal | 0.77 g | 3.1 g |

〈100gあたり〉

| エネルギー | 塩分 | 食物繊維 |
| --- | --- | --- |
| 52 kcal | 0.45 g | 1.8 g |

■ 作り方

1　ほうれんそうをゆでて、約4cmにカットする。
2　麩を水につけてから水をしぼり、ちぎり、卵と混ぜる。
3　フライパンにオリーブオイルを熱して、**1**、**2**にめんつゆを加えていためる。

沖縄ではフーチャンプルーがよく食べられています。
私の実家のフーチャンプルーです（母（90歳）の料理）。

COLUMN

### チャンプルー（炒めもの）

私が結婚して間もない頃に、夫の両親からチャンプルーの作り方を教わりました。それは、キャベツ、にんじん、たまねぎ、ハムを炒めて、塩こしょうで味付けする料理でした。私にとって初めて見る料理法で、とても美味しいと思いました。私の実家の料理は、焼く、蒸す、ゆでる、煮るといった調理法が常で、炒め物にはなじみがありませんでした。炒めものは野菜のかさが減り、沢山の野菜が摂取できます。いまでは、チャンプルーは我が家にとって欠かせない料理になっています。

（金城美恵子）

## 金城家の健康レシピ

２０１１年９月、こども二人とともに家族４人で沖縄の実家にいきました。私の父が88歳と年をとり、元気がなくなってきたのでお見舞いに出かけたのですが、その際には、山形の私たちの実践している減塩、低カロリー食を沖縄の実家で作ることも目的にしていました。というのは、私の父は糖尿病で、私の７歳年下の弟も糖尿病で心筋梗塞をおこしてステント留置治療を２度もうけていました。私の母親も30代から高血圧です。これからでも遅くはない、食事を改善してほしい、そのために私たちで食事をつくり食べてもらおう、との意気込みでした。母は美味しいといってくれ、弟も味がうすいがまずいことはないといってくれました。このときに作ったメニューは、キャベツのコールスロー、ニラチキン、豚肉のしょうが焼き、ラタトゥイユ、ドラゴンフルーツいりのゴーヤーサラダ、低カロリーのチーズケーキ（カボチャ、カッテージチーズ、干しぶどうで作ったチーズケーキ）です。すべて減塩食で、調理には毎回計量スプーンを使いました。

## ３つの「あ」と３つの「か」

10年前に夫婦でダイエットをはじめた時のキーワードは「３つの『あ』」でした。

それを5-7-5-7-7で「ダイエットに 大切な３つの『あ』控えよ 油 アルコール 甘いお菓子を」と表現して脳卒中予防7か条の一つにしました。

最近、「３つの『か』」を作りました。私たちが料理の際に心がけている「簡単、カラフル、カロリー減」です。これを5-7-5-7-7で「お料理に 大切な３つの『か』あります 簡単 カラフル カロリー減食」としました。

私たちは簡単にできる料理を心がけています。料理を作るのは朝のみです。短時間でできるもので、調味料も一般的なもので素材の味を生かすように簡単にします。次にカラフルであることが重要だと思います。毎日夫婦ともに弁当を作り、もっていきますが、色鮮やかな方が美味しそうですし、実際、赤黄緑の３色が入るようにするにはトマト、にんじん、カボチャなどの緑黄色野菜、果物などを使うのでヘルシーです。３つ目のカロリー減はもちろんのことで、低カロリーの食材と調理の際の油を控えることなどです。

## 料理は実験

私たちは毎日料理しています。毎日なにか発見があります。病院当直の時の検食も貴重な経験です。健康のために計算されていて、患者さんのために美味しい食事を提供しようという栄養科、調理師さんの努力がよくわかります。そのなかでいいなと思って作ったものがたくさんあります。うどをさば味噌缶とあえたもの、おひたしにショウガおろしをそえたもの、チキンのバジル焼き、さわらの山椒焼きなど。

30年ほど前、ある先輩の家に食事に招かれた際に（美味しかったのですが）、先輩は奥さんの料理のことを「毎回、味が違う」とこぼしていました。ところで私の母親はお惣菜を作って近くのお店に配達して、販売してもらっていました。私が高校生のころから始めて、20年間ほど続けていました。「金城食品のジューシー、赤飯はとても美味しい」と評判でした。私も何度か手伝いしましたが、いつでも同じ味で美味しいのです。そのレシピについてたずねてみると「新鮮な材料で、手順を一定にしてより簡単にできるようにして、調味料の割合もいつも一定にしていた」とのことでした（コラム、『金城食品』）。

私は２００５年に料理を始めました。２人の子供が巣立ち、妻が看護師として仕事を再開したときでした。ともに弁当をもっていくことにして、協力しておかずを作りました。しかし、カロリー、塩分への考慮はなく計量スプーンは使っていませんでした。息子に指摘されたように、夫婦そろっての肥満は相変わらずでした。健康的な料理を意識して始めたのは２０１０年３月からです。カロリー計算をした食事により、成果は計算通りでひと月に約３kgずつ体重が減り、半年で目標が達成できました。現在も維持しています（図13）。食材の量、油、調味料の量を測定して作ると毎回、ほとんど同じ味になります。味がうすい、濃いなど、もしも不満足な場合には、次の機会に

図 13

After　Before

調味料の量を変えて作ります。途中で塩分を加えてちょうどいいという味を求めることはしません。味はさじ加減といわれていますが、料理は実験です。科学的に料理すること[12]（図14）で美味しく作ることは知的作業とも言えるかもしれません。

## 料理人と医者

２０１６年12月14日の朝日新聞一面の折々のことばに、「何も分からない子供を相手に、食物や飲物をすすめる競争をするとなれば、医者は料理人の敵ではないであろう」（田中美知太郎：哲学者）とありました。私は「そんなことはない、ものごとのよくわかる大人ならば、健康的な食事に関して、プロの料理人よりはみずから料理する医者のいうことを信じるであろう」といいたい。子供のように、美味しい甘いお菓子をたくさんとってはいられないし、コーラや炭酸飲料を大量にとるのが体によくないのは、分別のある、健康に気をつけている大人にはわかるはずです。私の料理は健康のために塩分をひかえています。味がものたりない場合には、少し（計算して）塩分を足せばいいのです。そしてトータルの塩分はどれだけになるのかを意識してもらいたいと思います。

図 14

## 病院外来、医局と病院広報へのレシピ掲載

２００６年、脳神経外科の外来に「脳卒中の予防十か条」の掲示をはじめました。このころは肥満がピークで、それがしばらく続きました（図15）。ダイエットを始めてからまもなく、「脳卒中予防七か条」に変えて、外来に掲示しました（図16）。医局前の廊下（図17）や脳神経外科外来へのレシピの掲示を継続していると、病院広報の編集部から、私の健康レシピの掲載の依頼がありました。その時に書いたのが、鈴木先生と減塩の話です（本書24頁）。以後も病院広報にレシピを掲載しましたが、病院職員や外来の患者さん、そのご家族の方々がけっこう見ていて反響があります。季節ごとの野菜を中心にしたレシピで、私も楽しんでいます。

## 笑《え》味《み》の店

この年末年始に妻と二人で沖縄に帰省して連日料理しました。米沢からそば粉を持って行ってガレットを3度、沖縄の田芋と焼きりんごでウムニー、さらにかぼちゃ炒め、えびチャプスイ、これらを小さなホットプレートで私、妻、母、弟が共同作業で作りました。母は初めて見るガレットに「いろんなものができるさー」と興味を示

図15

図16

してくれました。田芋ウムニーには、弟は「りんごを焼くと軟らかく、より甘くなって、砂糖を使わなくても美味しい」と喜んでくれました。母は「今度のレシピ本の次には、高齢者、病人向けのレシピを研究して出しなさい」とアイデアがわきあがっています。

1月11日からの3連休に再度、沖縄に行き、出版社の担当の坂本さんと打ち合わせをしました。12日には母と私たち夫婦の3人で、長寿で有名な大宜味村の笑味の店に出かけました。これまでにテレビ番組で知っていて、妻が以前から行ってみたかったお店です。はじめて食べた「まかちぃくみそぅれランチ」（図18）は素晴らしかった。地元の野菜、シークワーサーなどを使った料理、玄米ごはん、健康的で、みなうす味でおいしく、3人とも完食です。妻は店主の金城笑子さんの本『おばぁの畑で見つけたもの　土と海と人が育てた沖縄スローフード』[13]（図19）を購入、サインしてもらい、母、妻と金城笑子さんで写真も撮らせてもらいました。食後に隣のカフェでセルフサービスのお茶をしていると、先程の店の方がやってきて、話がはずみました。店内に奥島ウシさんの写真が展示されてあり、妻が「本やテレビで見て知っています」というと、奥島ウシさんの娘さんを呼んでくれました。娘さんは93歳ですが、60代に見える若々しさです。仲間と旅行を楽しみ、食の探求を続けていらっしゃるそうです。村のおばあさんたちは、自宅の畑で島野菜を作り、新鮮な野菜を食べています。そして、働くことにとても熱心であると感じました。最近、日本語のいきがいということばが

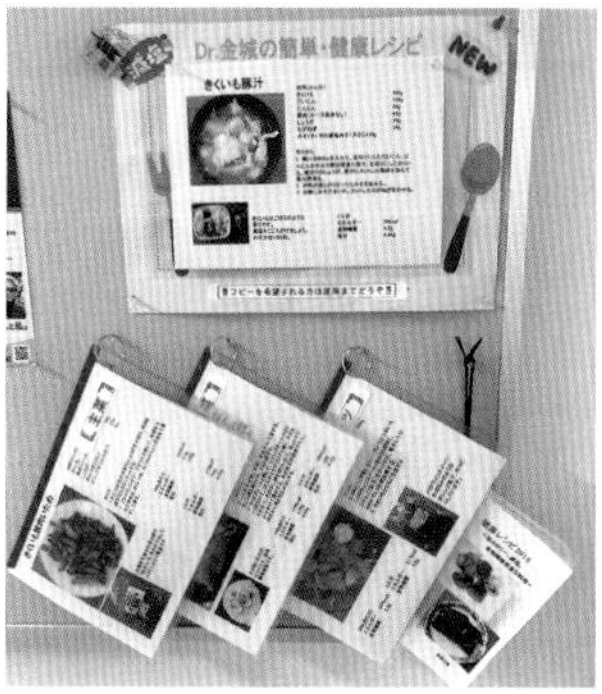

図 17

世界中に広まり、その代表が大宜味村であるとの話を聞かされました。あとで調べると、スペインの人が「ＩＫＩＧＡＩ」として出版してベストセラーとなり、世界の多くの国で翻訳されています[14]（図20）。そのなかで、「大宜味村は別格である」と書かれています。私たちも「今がスタートだ、健康長寿を目指していこう」と気持ちをあらたにしました。

図 18

図 19

図 20

COLUMN

# 祖母とカレーライス

私は４人兄弟の末っ子でおばあちゃん子として育ちました。美人の祖母から、幼少の時期に大変かわいがられたのを覚えています。祖母を囲んだ夕食で思い出に残る情景があります。その日は母がカレーライスを作り、私は大喜びでした。最初に居間の食卓に並んだのは薄黄色のカレーライスの一皿でした。

それは、母が祖母のために作った、カレー粉の少ない、辛さをおさえたカレーライスでした。幼い私は一皿だけ色が薄いカレーライスがあることを不思議に思い、母にたずねると、祖母の分だけ柔らかくなった具材を鍋から取り分けて、カレー粉を入れたそうです。薄味にして、辛さをおさえていると教えてくれました。祖母のための、特別な、薄味のカレーライスを私は忘れることができません。母の祖母への愛情が伝わる一品でした。今でも思い出すたびに暖かい気持ちになります。

（金城美恵子）

## 玄米ともち米

■ 材料

玄米 ……………… 1.5合（225g）
もち米 ……………… 0.5合（75g）

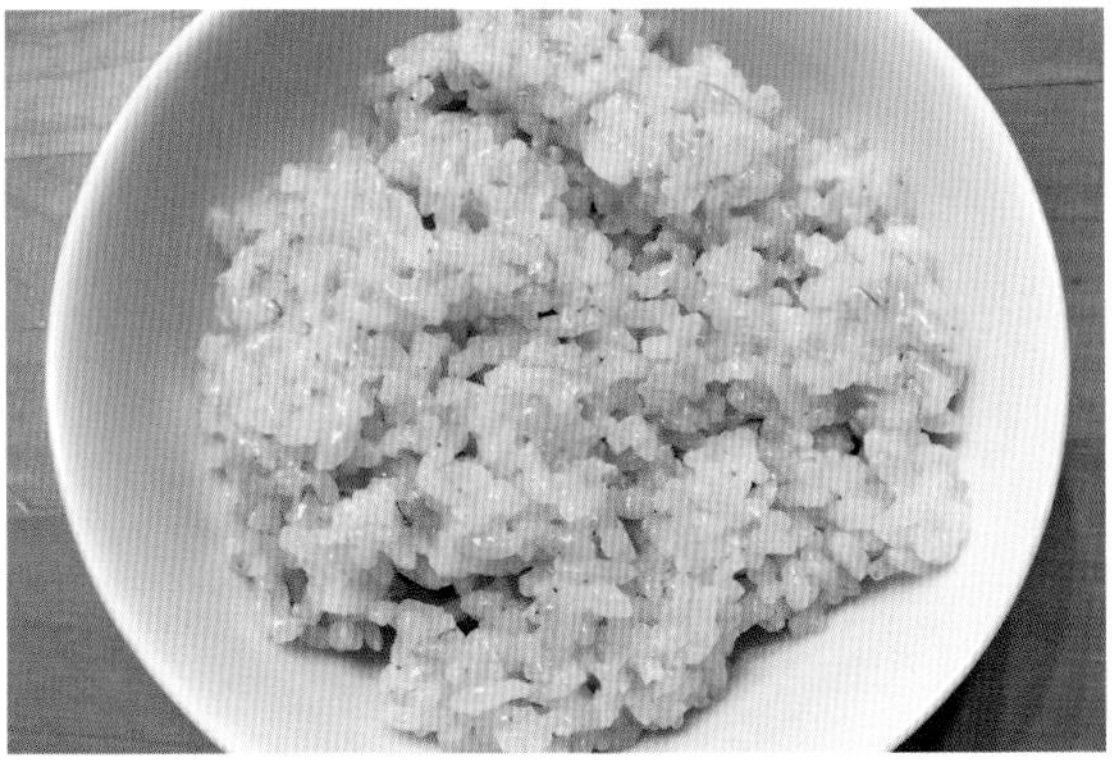

〈100gあたり〉

| エネルギー | 塩分 | 食物繊維 |
| --- | --- | --- |
| 168 kcal | 0.00 g | 1.1 g |

健康に良い玄米は硬いのが難点ですが、もち米とブレンドすると食べやすくおいしくなります。

■ 作り方

1　玄米、もち米を研いで炊くのみ（炊飯器の玄米モードで）。

## 玄米きくいもチップスおこわ

■ 材料

玄米 ……………… 1.5合
もち米 ……………… 0.5合
きくいもチップス ……………… 10g

〈100gあたり〉

| エネルギー | 塩分 | 食物繊維 |
| --- | --- | --- |
| 176 kcal | 0.00 g | 1.35 g |

もち米が入ってもちもちとして食べやすくなります。きくいもチップスで色がついて美味しそうです。

■ 作り方

1　玄米、もち米を研いで分量の水を入れる。きくいもチップスを加えて炊く（玄米モード）。

COLUMN

# 玄米と健康、琉球大学の研究

これまでにさまざまなレシピを紹介してきましたが、原則は「簡単、減塩、食物繊維豊富、低カロリー、そしてカラフルに」です。「りんごとさつまいも」(P73)は地元米沢産の舘山りんごを使いました。さつまいもは「ハロウィンスイート」を使ってカラフルにしました。りんごとさつまいものみで、何も加えずに簡単です。もうひとつは玄米ともち米にきくいもチップス(長井市産)を加えて炊いたごはん「玄米きくいもチップスおこわ」(P56)です。玄米が健康にいいことは知られていますが、ぱさぱさして食べにくいのが難点です。もち米を混ぜることで粘りが出て食べやすくなり、きくいもチップスを加え、食物繊維豊富にしました。

玄米に関して、琉球大学第二内科では「玄米食で体重が減る、血糖値が下がる、脂っこい食事を食べたいという欲求が減ってくる」というデータを学術論文で発表しています[15]。琉球大学医学部付属病院では糖尿病、高脂血症、肥満の改善を目的とする患者の入院食が「玄米食」になったとのことです。さらに一般市民や職員対象に、病院内に「玄米カフェ」を開設したそうです。昔からの長寿県から転落した沖縄県では高脂肪、高カロリー食などでメタボリックシンドロームが日本一であり、改善が求められています。大学病院で健康のための食事を発信していて素晴らしいと思います。

(広報おきたま病院23号;2019年11月)

# 雪菜、きゃべつで冷や汁

■ 材料（4人分）

- 雪菜（小松菜でも可）…… 300g
- きゃべつ …… 100g
- うち豆 …… 30g
- 乾燥しいたけ …… 10g
- 水 …… 100cc
- 無添加こんぶだし …… 1/2パック（2.5g）
- めんつゆ …… 大さじ1（15cc）

■ 作り方

1 うち豆を10分間ゆでてから冷水で皮を取り除く。

2 きゃべつを4分間、雪菜を1分間ゆで、冷水につけてからカット（細切り）する。

3 乾燥しいたけを水でもどしてからカットする。もどし汁も使う。

4 1、2、3を混ぜ、無添加こんぶだし、めんつゆを加える。

〈1人分〉

| エネルギー | 塩分 | 食物繊維 |
|---|---|---|
| 56 kcal | 0.21 g | 3.3 g |

〈100gあたり〉

| エネルギー | 塩分 | 食物繊維 |
|---|---|---|
| 49 kcal | 0.18 g | 2.9 g |

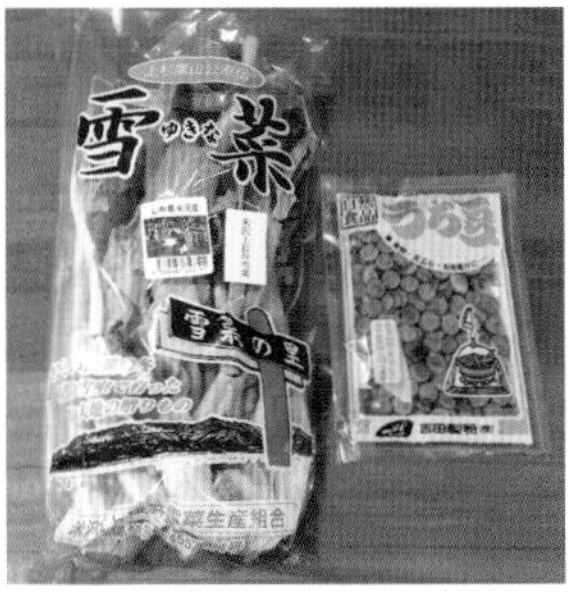


うち豆（コラムP63）の代わりにゆで大豆でOKです。

米沢の雪菜（上杉鷹山公直伝）で冷や汁を作りました。雪菜は雪の中で育つ米沢の野菜です。冷や汁は米沢の伝統的料理です。

# もずく豆腐

### 材料（10人分）

- 生もずく …… 300g
- シーチキン（水煮） …… 120g
- にんじん …… 30g
- ながいも …… 60g
- うち豆 …… 30g
- おろししょうが …… 20g
- めんつゆ …… 大さじ１（15cc）
- オリーブオイル …… 小さじ１（5cc）
- 粉末かんてん …… １袋（4g）
- 水 …… 300cc

〈１人分〉

| エネルギー | 塩分 | 食物繊維 |
|---|---|---|
| 29 kcal | 0.26 g | 1.2 g |

〈100gあたり〉

| エネルギー | 塩分 | 食物繊維 |
|---|---|---|
| 33 kcal | 0.29 g | 1.3 g |

### 作り方

1 カットしたもずく、せん切りにしたにんじん、細切りにしたながいも、ゆでてもどしたうち豆、おろししょうが、シーチキンをオリーブオイルを熱したフライパンで炒め、めんつゆで味をつける。

2 水を入れたフライパンに粉末かんてんを入れて沸騰させる。そこに１を混ぜる。

3 ２を型に流して冷やす。

私の田舎（山原）ではモーイ豆腐をよく作っていました。モーイ（いばらのり）のかわりにもずくで作ってみました。

うち豆の代わりにゆで大豆でOKです。

# 減塩、切り干し大根の煮物

## 材料

| | |
|---|---|
| 切り干し大根 | 30g |
| きざみ昆布 | 10g |
| 減塩こうや豆腐 | 10g |
| まいたけ | 50g |
| にんじん | 20g |
| めんつゆ | 小さじ4（20cc） |
| 水 | 600cc |

〈100gあたり〉

| エネルギー | 塩分 | 食物繊維 |
|---|---|---|
| 38 kcal | 0.6 g | 2.7 g |

切り干し大根はそれだけでも十分に甘い。切り干し大根、昆布は食物繊維豊富です。きざみ昆布は塩分が多いので注意（100g あたり塩化ナトリウム 9.7g）。こうや豆腐は 95% 減塩のものです。

## 作り方

1　なべに水、めんつゆを加え、切り干し大根、きざみ昆布、こうや豆腐、まいたけ、せん切りにしたにんじんを入れ、水分がなくなるまで（約 20 ～ 30 分間）煮込む。

減塩こうや豆腐をつかいます

COLUMN

## 「ダイエットの科学」

これまでの健康レシピでは減塩、低カロリーの食事と食物繊維の大切さを強調しました。2017年4月に出版された本『ダイエットの科学』[16]（図21）（ティム・スペクター）を紹介します。著者はイギリスの遺伝疫学研究者です。双子研究の世界的な権威ですが、自身が脳梗塞、高血圧を発症してから自分の食生活を見直して、健康的な食事とダイエットについて広く探索して、いくつかを自分で試みたものです。この本では加工食品を避けること、いろんな種類の野菜や果物をたくさんとること、食物繊維と腸内細菌の重要性について述べています。とても参考になりました。「トマトチーズズッキーニ」（P23）、「ながいもとなっと昆布でねばねばおかひじき」（P62）は季節の地元産野菜を使って食物繊維に留意したものです。地元の野菜をたっぷりとって健康になりましょう。

（広報おきたま病院16号；2017年7月）

図21

## ながいもで白和え

**材料（４人分）**

もめん豆腐……1丁（300g）
ながいも……100g
こまつな……50g
すりごま……15g
めんつゆ……大さじ1（15cc）

〈1人分〉

| エネルギー | 塩分 | 食物繊維 |
|---|---|---|
| 96 kcal | 0.3 g | 1.3 g |

〈100gあたり〉

| エネルギー | 塩分 | 食物繊維 |
|---|---|---|
| 80 kcal | 0.25 g | 1.1 g |

ながいもを加熱してつぶして、とうふと混ぜると歯ごたえがあり良好です。

**作り方**

1 こまつなを約4分間ゆで、細かくカットする。
2 ながいもの皮をむき、カットして電子レンジ600Wで3～4分間加熱する。
3 ながいも、豆腐をマッシャーでつぶす。
4 3にすりごま、めんつゆ、1を加えて混ぜる。

## ながいもとなっと昆布でねばねばおかひじき

**材料（6人分）**

おかひじき……200g
ながいも……50g
べにだいずのうち豆……30g
（ゆで大豆でも可）
なっと昆布……2g
無添加かつおだし
……1/2パック（2.5g）
ねりがらし……1g
めんつゆ
……大さじ1（15cc）

〈1人分〉

| エネルギー | 塩分 | 食物繊維 |
|---|---|---|
| 37 kcal | 0.27 g | 1.9 g |

〈100gあたり〉

| エネルギー | 塩分 | 食物繊維 |
|---|---|---|
| 73 kcal | 0.54 g | 3.8 g |

**作り方**

1 なっと昆布を水につけておく。
2 おかひじきを約4分間ゆで、適当にカットする。
3 うち豆を10分間ゆでて、皮を取り除く。
4 ながいもの皮をむいてから細切りにする。
5 1～4に無添加かつおだし、ねりがらし、減塩めんつゆを加えて混ぜる。

おかひじきは山形県置賜地方の伝統野菜です。ゆでておひたしにします。ながいもとなっと昆布でねばねばさせ、うち豆も合わせました。

## つるむらさきとながいも

### 材料（４人分）

つるむらさき……200g
ながいも……50g
きざみあげ……10g
（ふつうの油あげでもOK）
めんつゆ……大さじ１（15cc）

〈１人分〉

| エネルギー | 塩分 | 食物繊維 |
|---|---|---|
| 27 kcal | 0.32 g | 1.2 g |

〈100gあたり〉

| エネルギー | 塩分 | 食物繊維 |
|---|---|---|
| 41 kcal | 0.37 g | 1.8 g |

つるむらさき、ながいも、ともにネバネバです。簡単です。

### 作り方

1 つるむらさきを約5cmにカットして約４分間ゆでる。
2 ながいもをスライサーでカットする。
3 1、2にきざみあげを混ぜ、めんつゆを加える。

COLUMN

## うち豆となっと昆布

切り干し大根、きざみ昆布、こうや豆腐などの乾物と同様に、うち豆と「なっと昆布」は山形でよく使われている食材です。

「雪菜、きゃべつで冷や汁」（p58）、「もずく豆腐」（p59）、「ながいもとなっと昆布でねばねばおかひじき」（p62）で使用したうち豆は、大豆を平べったく潰して乾燥させることにより、豆を水で戻すことなく調理ができます。10分間ほどゆでてから、冷水中で豆の皮を取り除きます。べに大豆は山形県川西町で作っている大豆です。

また、「ながいもとなっと昆布～」で使用した「なっと昆布」（写真）はがごめ昆布を細かくして乾燥させたもので、水を加えると納豆のようにねばねばします。「夏にヘルシー、ネバネバ丼」（p64）に入っている“だし”ではぎばさを使いましたが、通常、山形の“だし”ではなっと昆布を使います。

## 夏にヘルシー、ネバネバ丼

■ 材料（1人分）

**もち麦ごはん** …… 150g

A
- 半熟卵 …… 1個（50g）
- 納豆 …… 1/2パック（20g）
- ぎばさ …… 10g
  （めかぶでも可）
- オクラ（ゆでて） …… 10g

ミニトマト …… 2個（30g）

きざみのり …… 少々

**だし** …… 30g

減塩しょうゆ …… 1パック（3cc）

〈1人分〉

エネルギー 421 kcal　塩分 0.67 g　食物繊維 5.9 g

〝だし〟は山形の夏の代表的なおかずです。みょうが、大葉なども使い、味つけも濃いのですが、簡略に作り、薄味にしました。食物繊維豊富です。

■ 作り方

1　**もち麦ごはん**➡白米2合、もち米1合、もち麦1合を混ぜて炊く。

2　**だし**➡きゅうり、ながいもをせん切りにして、ぎばさ、めんつゆを加えて混ぜる。

3　1にA、〝だし〟などねばねばの食材をのせ、ミニトマト、きざみのりを加える。

## うこぎアボカドチャーハン

■ 材料（2人分）

ごはん …… 200g

アボカド …… 1/2個（60g）

うこぎ …… 3g
（シソ、バジル、ねぎでも可）

塩こしょう …… 0.5g

減塩しょうゆ …… 1パック（3cc）

オリーブオイル …… 小さじ1/2（2.5cc）

〈1人分〉

エネルギー 237 kcal　塩分 0.28 g　食物繊維 1.9 g

〈100gあたり〉

エネルギー 176 kcal　塩分 0.21 g　食物繊維 1.5 g

■ 作り方

1　ごはんにアボカドを混ぜておく。

2　フライパンにオリーブオイルを熱し、1を炒め、細かくきざんだうこぎを加えて炒め、塩こしょう、しょうゆで味をつける。

アボカドは脂肪が多いので、炒めるときの油は少量にします。アボカドは食物繊維が豊富です（100gあたりの食物繊維は5.3g）。

COLUMN

# うこぎと上杉鷹山公、上杉茂憲公と沖縄

うこぎは古くから米沢で食べられている食材です。江戸時代、貧しい米沢藩で、垣根に植えてあるうこぎの木の新芽をおひたしなどにして食べるようになったのです。第９代米沢藩主の上杉鷹山公は破産寸前の米沢藩を立て直し、その高潔な人柄もあり、内村鑑三が『代表的日本人』の５人のなかにとりあげ、それが世界各国で読まれました。ケネディ大統領が「私の尊敬する政治家は上杉鷹山である」と語ったとの言い伝えがあります。ケネディ大統領の娘さんのキャロライン・ケネディ大使が2016年に米沢を訪れ、「父は上杉鷹山公を尊敬していた」と話しました。そして翌年、上杉神社に記念碑が建てられました。上杉鷹山公はいまでも米沢市民に尊敬されています。

米沢市と沖縄市は姉妹都市です。その縁は明治14年から２年間、沖縄県第２代県令をつとめた上杉茂憲公にさかのぼります。最後の米沢藩主の上杉茂憲公は沖縄県をすみずみまで回り、ひとびとの貧しい生活をみて、明治政府に改革案を提出しました。残念ながら改革はなりませんでしたが、「上杉県令沖縄巡回日誌」を残し、貴重な資料となっています。また、５人の県費留学生を東京に派遣して、このひとびとが沖縄に帰り、沖縄県の発展の基礎を築きました。私も沖縄県出身ですが現在米沢市に住んでいます。沖縄と米沢との縁というものを最近強く感じています。

うこぎ生垣▶

## きくいも豚汁

### 材料（４人分）

- きくいも …… 100g
- だいこん …… 150g
- にんじん …… 50g
- 豚肉（ロース脂身なし）… 60g
- しょうが …… 10g
- ながねぎ …… 10g
- みそ（タニタの減塩みそ）…… 大さじ１（18g）
- 水 …… 800cc

〈１人分〉

| エネルギー | 塩分 | 食物繊維 |
|---|---|---|
| 54 kcal | 0.41 g | 1.5 g |

### 作り方

1. 鍋に水を入れて、乱切りにしただいこん、にんじんを中火で数分間煮た後で、乱切りにしたきくいも、細切りのしょうが、適当にカットした豚肉を加えて数分間煮る。
2. 材料が軟らかくなったらみそを加える。
3. お椀にみそ汁をいれ、カットしたながねぎをのせる。

きくいもはごぼうのような香りです。みそ汁は１日１回にして減塩をこころがけましょう。

## きくいもヤーコンきんぴら

**材料（4人分）**

きくいも……300g
ヤーコン……300g
にんじん……60g
めんつゆ……大さじ1（15cc）
ごま油……小さじ1（5cc）
すりごま……小さじ1（5g）
一味とうがらし……少々

〈1人分〉

| エネルギー | 塩分 | 食物繊維 |
| --- | --- | --- |
| 95 kcal | 0.20 g | 2.8 g |

〈100gあたり〉

| エネルギー | 塩分 | 食物繊維 |
| --- | --- | --- |
| 55 kcal | 0.12 g | 1.5 g |

**作り方**

1　きくいも、にんじんは皮をむかずにそのまま、ヤーコンは皮をむいてからせん切りにする。
2　フライパンにごま油を熱して材料を入れて炒める。めんつゆを加えて、すりごま、一味とうがらし少々を加える。

ヤーコンは甘いので、砂糖、みりんなどはなくてもOKです。

## きくいもきんとん

**材料（4人分）**

きくいも……2本（200g）
りんご……1個（200g）
さつまいも（安納いも）……150g

〈1人分〉

| エネルギー | 塩分 | 食物繊維 |
| --- | --- | --- |
| 94 kcal | 000 g | 3.1 g |

〈100gあたり〉

| エネルギー | 塩分 | 食物繊維 |
| --- | --- | --- |
| 68 kcal | 000 g | 2.3 g |

砂糖なしで十分甘い。

**作り方**

1　さつまいもを約30分間ゆでる。
2　りんご、きくいも、ともに皮をむかずに、ひと口大にカットして電子レンジ600Wで4分間加熱する。
3　**1**、**2**を混ぜる（さつまいもの皮をむいて）。

COLUMN

## 中年肥満とダイエット

私は若い頃からぽっちゃりした体型でしたが、40代から太り始めて、50代でますます太りました。まるで雪だるまです。思うに、カツ丼、トンカツが好物。お菓子作りが趣味で、ティラミス、アップルパイ、チーズケーキ、カトルカールを作り、また、大のあんこ好きで、おはぎ、水ようかんには目がありませんでした。54歳の秋には脂肪肝と診断されました。脂肪肝の改善には体重を減らすことが大切です。そのためにダイエットを始めました。買い物をするときにはカロリー表示を見て食品を購入し、1日に摂取する総カロリーをおさえるようにしました。お腹を満たすために、玉こんにゃく、ゼロキロカロリーの寒天ゼリー、こんにゃくめんなどをよく食べました。しかし、長続きはせず挫折しました。食生活を改善するのはとても難しいことでした。私が悩み、落ち込んでいる様子を見て助けてくれたのが夫でした。

夫は料理をそれまでとは変えて、野菜を中心にした、低カロリーでバランスのよい食事を毎日食卓にならべてくれました。夫の料理を食べて3か月後には標準体重までの減量に成功しました。玉こんにゃくなどで空腹を満たす必要はありませんでした。野菜を味方にして、ゆでたブロッコリー、プチトマトなどをよく食べました。おやつには、干しぶどう、干し柿、ドライイチジク、ドライプルーンなどのドライフルーツ、そしてりんごなどの果物で天然の甘さを味わいました。おかげで、私の脂肪肝は治り、健康を取り戻すことができました。医食同源の大切さを知りました。夫には心から感謝しています。その後もこのような食事を継続しています。夫の料理は計量スプーンとはかりを使い、工夫とアイデアを重ね、努力、進化しています。夫の料理を「香りのマジック」と私は言っていますが、しょうが、レモン(柑橘類)、酢等を使い香りを出します。マヨネーズを使わないポテトサラダは何度も食べました。砂糖を使わないスイーツ料理も上手です。りんごをフライパンで加熱して甘みをひきだしたタルトタタンは絶品です。これからも美味しい料理を沢山作って、私たちを楽しませてください。(金城美恵子)

## 砂糖なし、卵なし　きくいもチーズケーキ

### 材料（8人分）

きくいも……150g
安納いも……250g
マスカルポーネチーズ……100g
カスピ海ヨーグルト（無脂肪）……200g
コーンスターチ……20g
ほしぶどう……50g
ゆず皮……20g

〈1人分〉

| エネルギー | 塩分 | 食物繊維 |
| --- | --- | --- |
| 119 kcal | 0.00 g | 1.99 g |

〈100gあたり〉

| エネルギー | 塩分 | 食物繊維 |
| --- | --- | --- |
| 120 kcal | 0.00 g | 2.0 g |

### 作り方

1. きくいもの皮をむいて電子レンジで600W、約4分間加熱してから細かくつぶす。
2. 安納いもをゆでて皮をむいてからつぶす。
3. ゆず皮をせん切りにする。
4. マスカルポーネチーズ、カスピ海ヨーグルト、コーンスターチ、ほしぶどうと**1**、**2**、**3**を混ぜ、タルトの型にのせる。
5. 180℃に予熱したオーブンに**4**を入れて40分間焼く。

「砂糖なし、卵なしのチーズケーキを」とのリクエストで作ってみました。

# バター、砂糖なしのタルトタタン

■ 材料（8人分）

りんご …… 4個（1000g）
さつまいも …… 300g
ほしぶどう …… 30g
マスカルポーネチーズ …… 30g
ゆず皮 …… 10g

■ **作り方**

1 りんごの皮をむいて芯を取り除き、4等分のくし型にカットしてなべにしきつめ、弱火で40～50分間、水分がなくなるまで加熱する。

2 さつまいもを25～30分間ゆで、皮をむいてつぶし、ほしぶどう、マスカルポーネチーズ、せん切りにしたゆず皮を混ぜる。

3 焼いたりんごをタルト型にすきまなくしきつめ、その上に**2**をのせて、170℃に予熱したオーブンで40分間焼いてから取り出し冷やし、うら返す。

〈1人分〉

エネルギー 133 kcal　塩分 0.00 g　食物繊維 3.5 g

〈100gあたり〉

エネルギー 78 kcal　塩分 0.00 g　食物繊維 2.0 g

砂糖、バターなしのタルトタタンで、低カロリーです。十分に甘い。

## 砂糖を使わないかぼちゃのチーズケーキ

### 材料

かぼちゃ ……… 300g
カッテージチーズ ……… 100g
ほしぶどう ……… 100g

〈100gあたり〉

エネルギー 117 kcal
塩分 0.2 g
食物繊維 3.3 g

砂糖なし、カッテージチーズで低カロリー。短時間でできます。

### 作り方

1 電子レンジ600Wで約6～7分間、かぼちゃを加熱してからつぶす。カッテージチーズ、ほしぶどうを混ぜる。

COLUMN

## 義母とフレンチトースト

私の義母は夫の介護を献身的に約10年間続けました。夫より7歳若く体力もありましたが、長い介護は大変だったと思います。義父が晩年に食が細くなってから、毎朝、義母が作ったのはフレンチトーストだったそうです。卵と牛乳を混ぜ、バニラエッセンスを加え、そこにパンを浸してから、フライパンにバターをひき、焼きます。義父は、デイサービスに行くと、皆さんに、「妻が作ったフレンチトーストはとても美味しい」と自慢していたそうです。義母がそのことを話すときにはとても幸せそうな顔をします。大切なひとのために心をこめてつくった料理はこころあたたまります。　（金城恵美子）

# アップルスイートポテト

■ 材料（10人分）

紫いも……300g
安納いも……300g
ながいも……300g
りんご……600g
ほしぶどう……50g
ゆず皮……20g
マスカルポーネチーズ……50g

■ 作り方

1　紫いもと安納いもをゆでて、皮をむいてそれぞれ分けてつぶす。
2　ながいもの皮をむいて電子レンジ600Wで約5分間加熱してつぶし、さつまいもと混ぜる（紫いも、安納いも、別々に）。
3　りんごの皮をむいてカットして、180℃に予熱しておいたオーブンで30～35分間焼く。
4　せん切りにしたゆず皮、ほしぶどう、マスカルポーネチーズを**2**に混ぜる。
5　タルト型に**4**の安納いも、紫いもをのせ、その上に**3**のりんごをのせる。
6　**5**を一晩冷蔵庫に入れて、りんごを取り出してうら返すと色がついている。うら返したりんごをいもの上にのせる。

〈1人分〉

| エネルギー | 塩分 | 食物繊維 |
|---|---|---|
| 159 kcal | 0.00 g | 3.8 g |

〈100gあたり〉

| エネルギー | 塩分 | 食物繊維 |
|---|---|---|
| 98 kcal | 0.00 g | 2.4 g |

カラフルに作りました。

## いちじくのコンポート風

**材料**

いちじく …… 300g
りんご …… 200g

〈100gあたり〉

| エネルギー | 塩分 | 食物繊維 |
|---|---|---|
| 54 kcal | 0.00 g | 1.7 g |

いちじくをりんごとともにオーブンで焼きました。いちじくの甘露煮やいわゆるコンポートのような砂糖を使うことなく作ってみました。りんごがいちじくによりほんのりと色付ました。

**作り方**

1 いちじくと皮をむいたりんごを耐熱皿におき、180℃に予熱したオーブンで35分間焼く。

## りんごとさつまいも

**材料（4人分）**

りんご …… 2個（400g）
さつまいも …… 1個（400g）

〈1人分〉

| エネルギー | 塩分 | 食物繊維 |
|---|---|---|
| 217 kcal | 0.00 g | 5.0 g |

〈100gあたり〉

| エネルギー | 塩分 | 食物繊維 |
|---|---|---|
| 109 kcal | 0.00 g | 2.5 g |

さつまいもと加熱したりんごで十分に甘い。砂糖いりません。

**作り方**

1 180℃に予熱したオーブンでさつまいもを60分間焼く（やきいも）。
2 りんごをひとくち大にカットして、電子レンジ600Wで4～5分間加熱する。
3 皮をとりのぞいたやきいもとりんごを混ぜる。

# 砂糖なし、焼きいもでりんごウムニー

■ 材料

加熱後

りんご
…… 2個（600g→300g）

さつまいも（シルクスイート）
…… （300g→250g）

もち米
…… 1合（150g→300g）

〈100gあたり〉

| エネルギー | 塩分 | 食物繊維 |
| --- | --- | --- |
| 149 kcal | 0.00 g | 2.3 g |

■ **作り方**

1. りんごの皮をむき、約1cm幅のいちょう切りにしてフライパンで約20 ～ 25分間加熱する（水分がなくなるまで）。
2. さつまいもを180℃に予熱したオーブンで60分間焼く（焼きいも）、皮をむく。
3. もち米を炊く。
4. **1**、**2**、**3**を混ぜあわせる。

砂糖なしでウムニーです。いものことを沖縄方言で「ウムー」といいます。ウムニーとは芋（さつまいも）煮のことで、沖縄で昔から食べられています。りんごを焼いてより甘くしました。

## 参考図書、文献


1 『高血圧治療ガイドライン2019』日本高血圧学会　ライフサイエンス出版　2019年

2 『正しいダイエット指導します』女子栄養大学出版部　2004年

3 『４週間で３kg確実にやせるダイエットブック』女子栄養大学出版部　2004年

4 『体脂肪計タニタの社員食堂』大和書房　2010年

5 「簡単！栄養andカロリー計算」　www.eiyoukeisan.com

6 『長寿食世界探検記』家森幸男　ちくま文庫　2007年

7 『遺伝子が喜ぶ長生きごはん』家森幸男　朝日文庫　2010年

8 『国循の美味しい！ かるしおレシピ』：セブン＆アイ出版　2012年

9 『続 国循の美味しい！かるしおレシピ』：セブン＆アイ出版　2013年

10 『ホテルシェフと大学病院の管理栄養士が考えたおいしい！塩分ひかえめ「マイしおレシピ」』　愛媛大学医学部附属病院　PHP研究所　2013年

11 『食べるダイエット』　株式会社アントレックス　2017年

12 『料理のわざを科学する－キッチンは実験室』　ピーター・バラム　丸善　2003年

13 『おばぁの畑で見つけたもの　土と海と人が育てた沖縄スローフード』　金城笑子　女子栄養大学出版部　2003年

14 『外国人が見つけた長寿ニッポン幸せの秘密』　エクトル・ガルシア、フランセスク・ミラージェス　エクスナレッジ　2017年

15 益崎 裕章、小塚 智沙代 、與那嶺 正人 、島袋 充生：米糠由来機能成分、γオリザノールを活用する脳機能改善・糖尿病予防のアプローチ　Glycative Stress Research2017; 4 (1):058-066

16 『ダイエットの科学』ティム・スペクター　白揚社　2017年

# あとがき

毎朝、犬と散歩して近所を歩くと、朝食を作っている家から炊事のにおいがしてきます。そのとき、私には遠くにいる息子夫婦が料理をしている姿が目に浮かびます。

朝の散歩　炊事のにおい　かぐたびに　息子夫婦の　料理想う

息子夫婦は朝一回料理するのみで、朝の内容をお弁当にして、夜は豆腐や納豆などを加えるのだと。私は毎朝ラジオ体操をして、天気が悪くない限り犬と散歩、と規則正しい毎日を送ってきました。おかげで足腰が丈夫で痛いところはありません。今回の息子夫婦のレシピの本も毎日の料理の積み重ねで、内容は減塩、手軽に作れて、健康的にという一貫したもので、私も見習っています。記録するということはとても貴重です。今回の出版に関して、私は「ぜひ出版すべきだ、あなたたちのしていることを皆さんに伝えるべきだ」と強くすすめました。このような形にできたことを祝福します。また、私の長年やってきた「金城食品」についてもふれてもらいうれしく思います。ありがとう。

2月25日　夫　信光の命日に

金城ハル子

https://youtu.be/gSVqxJoxnvM

## 著者あとがき、感謝のことば

年はじめからの新型コロナウイルスの世界的な流行により、東京オリンピックの延期はじめさまざまなイベントが中止されるなど、２０２０年は歴史的な年になりました。

昨年夏から本書作成にとりかかり、４月に発令されたわが国における緊急事態宣言が解除された5月末にはほぼできあがりました。出版にあたり、お世話になったひとびとへの感謝を書きたいと思います。

まず、現山形大学医学部附属病院病院長の佐藤慎哉先生に感謝いたします。２０１１年10月に山形市で開催された市民講演会で、私は「脳卒中の治療と予防」の講演をしました。その中のスライドでダイエット前後の私の妻の姿をお見せしました。講演会後に、演者控え室で佐藤先生は「金城先生、先生のダイエットの話を本にしたらいいですよ。『脳神経外科医が夫婦で達成した健康ダイエット』というタイトルで」と本にすることをすすめてくれました。ダイエットを始めてからわずか1年だったので、その時点では本の出版なんておこがましいと思いましたが、実現しました。佐藤先生のアドバイスは忘れていません。本の副タイトルにしました。ありがとうございました。

次に、以前に私の勤務していた公立置賜総合病院の医局秘書さん、管理栄養士さん、リハビリスタッフなど多くの方々および患者さんたちに感謝します。

本文でもふれましたが、私のレシピに興味をもち、医局前の廊下にレシピを掲示して応援してくれた医局秘書の渡沢さん、井上さん、堀越さん、大木さん。何度か試食してもらって批評していただきました。またレシピ写真の選択にもアドバイスしてもらい助かりました。ありがとうございました。

管理栄養士のみなさんには病棟回診の時をはじめ、いろいろと教えてもらいました。高血圧対策としての減塩食の考えを共有でき、同志のような気持ちでした。栄養士のみなさんからもいつも暖かい支援を感じていました。原稿をみてもらい、アドバイスもいただきました。井上さん、遠藤さん、斎藤さんはじめみなさんありがとうございました。

数年前から、ほとんどすべてのレシピについて感想をくれて、自身でも料理して、「先生、ぜひ出版してください」と励ましてくれたリハビリの井上さん、時間がかかりましたがやっとできました。じゃがいもやブロッコリーなど季節の野菜のプレゼントもありがとうございました。

おきたま病院広報へのレシピ掲載にあたり、毎回、こころのある編集をして、レシピ食の試食をしてくれた事務の高橋さん、あなたの家族の健康、ダイエットにも貢献できたということをきき、うれしく思います。ありがとうございました。

そして、多くの患者さんです。置賜総合病院、南陽病院、長井病院外来でレシピを掲示すると、「レシピのとおりに作ってみた。ポテトサラダ、ニラチキンは何度も作ったぞ。作りやすくて美味しい」と言う方がいて勇気づけられました。この患者さんに教えられた料理を参考にしたレシピもひとつ掲載しています（紫キャベツのコールスロー）。「先生の食材は値段が高くて、作るのにちゅうちょする」（マスカルポーネチーズ使用の時です）と言った患者さんがいて、以後、安い食材での料理をこころがけています。この方は「ドリーム（病院近郊の町の野菜直売店）の野菜は安くて新鮮でいいよ」と教えてくれ、毎回のレシピに建設的な感想をくれました。感謝します。なお、紹介したほとんどすべてのレシピを作った患者さんも何人かおられます。このように支援して励ましてくれたみなさん、ありがとうございました。

本書出版にあたってはあとがきにあるように、昨年夏、母の強いすすめがありました。それから1週間後の8月25日に米沢市で開催された「上杉鷹山シンポジウム」も大きな推進力になりました。コラムでふれたように米沢市と沖縄市は姉妹都市で、最後の米沢藩主の上杉茂憲公が第2代沖縄県令となった明治14年（１８８１年）から沖縄と米沢とは縁があります。２０１９年は上杉茂憲公の没後１００年にあたり、シンポジウムのテーマになりました。沖縄出身で米沢に住んでいる私もシンポジストの一人に選ばれました。シンポジウム前日、沖縄県八重瀬町から来たひとたちの歓迎会で照屋直さんと知り合いになりました。照屋さんは八重瀬町の前町議会議員で琉球新報の元記者です。翌朝、本を出版してもらおうとの下心で、私は資料を持参して照屋さんにみせました。「こんな内容の本が出たら、妻から攻撃されて大変なことになる」と照屋さんは逃げ腰でしたが、シンポジウム後の夜の懇親会で再度お願いすると、「特色のある本になると思う。出版する意義はあります。自費出版を手がけている知り合いの沖縄の出版社にあたってみましょう」と引き受けてくれました。そして紹介してもらったのが新星出版です。編集者の坂本さんを紹介していただき、坂本さんとの本作りが進行したのは昨年秋でした。照屋さん、ありがとうございました。

沖縄と山形は遠く離れていますが、メールでのやりとりで本作りは私にとってはほとんど苦になりませんでした。坂本さん、このように素晴らしい本にしていただきありがとうございます。

これからは私の家族への感謝を書きます。まず、はしがきを書いてくれた妹の宮城典子とあとがきをかいてくれた母の金城ハル子に感謝します。

コラムにもあるように、母は、私が高校２年生のときに金城食品を始めて私たち子供のために働いてくれました。私も何度か夜中に手伝ったことを思い出します。母はとにかく働き者で、常に子供より早く起きて、子供より早く寝たのを見た記憶がありません。昨年の夏、私たち夫婦で沖縄に帰省して実家で過ごしていつものように私たちの作った料理を一緒に食べた際に、母は「あなたたちのやってきたことは健康のためにとてもいいことだから、出版して多くの人にみてもらうべきだ」と強くすすめてくれたのです。あとがきも書いてもらい、感謝します。

妹は調理師学校に学んだことがあり、料理は大の得意です。10年ほど前から帰省のたびに私の減塩レシピを紹介していましたが、初期のころは「ラタトゥイユなど、いかがなものかなと思った（変な料理だと思う?）」といっていましたが、最近は「いいと思う。だいぶいけてる。何と言っても継続していることはすばらしい。ぜひ本にしてください」と応援してくれました。はしがきにある「祖母のために作った３つの料理」のように、食べる人のことをよく思って料理しています。妹は本の出版をとても楽しみにしていて、「本が出たら必ず買います。お友達にも購入をすすめるから」と言っていました。２年ほど前から血液疾患で治療中でしたが、このお正月すぎまで元気で、パークゴルフ、カラオケ、絵描き、短歌作りと趣味も多彩で、すべてが上手で、活動的でした。２月から入院治療を続け、治癒を祈っていたのですが、５月３日に帰らぬ人となりました。２月中旬に病院にお見舞いにいったのですが、以後は新型コロナウイルスのために遠距離の移動が自粛となり、会えませんでした。４月18日のＬＩＮＥ、「いま短歌に凝っている。『絶望を希望に変える看護師の昼夜を問わぬ奉仕の姿』」。亡くなる数日前までＬＩＮＥのやり取りをして、電話でも何度も話したのですが、４月28日の夜に治療方針について話したのが最後でした。妹はスポーツをすることも見ることも大好きで、パークゴルフは昨年夏とこの１月に数回一緒にプレーしましたが、とても熱心で上手でした。野球も大好きで、入院中に、選抜高校野球がコロナ禍で中止になったときにはがっかりでした。東京オリンピックの延期が発表される前には、「東京オリンピック、お兄さんはどの競技がたのしみですか？」「もちろん陸上競技」「私もそうです。あと、ゴルフもとても楽しみです。渋野選手、期待しています。」オリンピックが延期になって本当に残念です。妹の入院中にはできるだけ明るい気持ちになれるように、私の作った料理の写真や私の孫（娘の子）の写真、動画を送ってみてもらいました。毎回、ウィットに富むコメント、表現には感心してかつ私も楽しみました。私は３月末に長年つとめた公立病院を定年退職したのですが、コロナ禍のために退職のさまざまな行事が中止になったことを私以上に残念に思っていました。４月１日から私は新しい病院勤務となりました。病院のホームページに掲載の私のプロフィールに、妹の描いた『彩和の会カレンダー』をバックにした私の写真を使いました。妹は最後まで希望をもって血液疾患にたいする化学療法を受けていて、私の息子のところに5月に誕生予定の赤ちゃんのこともとても楽しみにしていました。5月22日に無事に男の子（遼ちゃん）が生まれたことを報告したいと思います。そして、この本をささげます。

最後に、私の妻、美恵子に大きな感謝をしなければなりません。出発点は私たち夫婦の中年肥満からの脱却のための夫婦そろってのダイエットであり、カロリー計算から始まり、ついで塩分を控えた健康的な食事、そして食物繊維の大切さへとつながり、勉強になりました。ともに学習する生徒として、新しいレシピの実験台として、妻は常に私とともに歩んでいます。夫婦での共著ではどうか、というほど、この本作成に際して力になりました。コラムもたくさん書いてくれました。ありがとうございます。

最後の最後に、私たちの結婚記念日に誕生した遼ちゃん、娘のところの万ちゃん、久ちゃんの3人の孫、そして私たちの子、貴彦、瞳にもこの本をささげたいと思います。

２０２０年５月

金城　利彦（きんじょう　としひこ）

1954年
沖縄県国頭郡羽地村（現名護市）
生まれ
1979年
東北大学医学部卒業
東北大学、琉球大学、山形大学を
へて
2000年
山形県川西町　公立置賜総合病院
2020年
山形県上山市　みゆき会病院
専門、脳神経外科


# 減塩の食事で脳卒中予防

ー脳神経外科医が夫婦で達成した
健康ダイエットー


２０２０年８月15日　初版第１刷発行

著　者　金城　利彦

発行所　新星出版株式会社
〒９００-０００１
沖縄県那覇市港町２－16－１
電　話（０９８）８６６－０７４１

印刷所　新星出版株式会社





ISBN978-4-909366-47-4 C2077
定価はカバーに表示してあります。